谨以此书献给赵学清教授七十华诞!

作者简介

林泰，1980 年出生，广东汕头人，重庆工商大学法学院教授，重庆市南岸区人民检察院副检察长、党组成员，法学博士、博士后。2011 年 6 月毕业于西南政法大学国际法学专业，获法学博士学位，2012 年 1 月至 12 月在香港城市大学法律学院从事博士后研究，2011 年 7 月起任教于重庆工商大学法学院经济法系，2013 年 4 月破格晋升为教授。兼任重庆市人文社会科学重点研究基地"重庆廉政研究中心"研究员。

自 2005 年至今，已在《人民日报》(理论版)、《现代法学》、《南京社会科学》、《法学杂志》、《政治与法律》、《河北法学》、《太平洋学报》等刊物发表学术论文近三十篇，部分论文被中国人民大学复印报刊资料、高等学校文科学术文摘全文转载或部分转载。主要学术代表作品有：《不断完善行政复议制度》、《全球治理语境下的国际行政法》、《全球化语境与行政法国际化》、《论作为全球体育法缔造者的国际体育仲裁院》、《WTO 会议选票交易的经济学分析》等。

主持省部级课题两项。著有个人专著《行政法国际化研究——论全球治理语境下国际行政法的产生》(人民出版社 2013 年 4 月出版)。论文《全球治理语境下的国际行政法》荣获重庆市第八次社会科学优秀成果奖三等奖。

主要研究方向：行政法、国际公法、世界贸易组织法等。

作者简介

陈红,1966 年出生,四川内江人,法学博士,现任重庆市江津区公安局政委、党委副书记,西南政法大学国际法学院兼职硕士生导师。1988 年毕业于西南师范大学(现西南大学)政治系政治教育专业,获法学学士学位,2001 年毕业于西南政法大学法律硕士专业,获法律硕士学位,2009 年毕业于西南政法大学国际法学专业,获法学博士学位。曾长期在司法行政部门任职,历任重庆市司法局律师管理处副处长、法制宣传处处长、司法鉴定处处长、干部人事处处长等职,2011 年调任公安部门任职。

曾在《法学杂志》、《西南民族大学学报》、《探索》、《中国司法》等刊物发表学术论文近十篇。主要学术代表作品有:《非政府组织与联合国、国际法院关系比较析论》、《"一国两制"框架下我国区际司法协助的路径思考》、《中国现行外商投资税收优惠制度重构》、《论税法公平价值理论的重构》等。

主要研究方向:国际经济法、涉外经济法、区际司法协助等。

致 谢

本书系作者主持的重庆市教育委员会人文社会科学研究项目“非政府组织结构性参与国际法秩序”的最新成果，我们将之献礼于导师赵学清教授七十华诞，在其交付出版之际，我们对导师长期的栽培与关怀表示深深的感恩，谨祝福赵师福寿绵延、松鹤长春。

我们也对一直以来关心、帮助过我们的长辈、领导及各自的亲友表示诚挚的谢意。

程璐博士，研究生胡焱杰、黎学基对本书部分资料的收集、整理亦有贡献，一并致谢。

在实务部门繁忙的工作之余，固守一种学术化的生活方式，毫无疑问的是苦在其中，然而，乐也在其中。路漫漫其修远，我们还将不断的求索。

作者 2014 年初夏谨识于重庆

非政府组织结构性参与WTO多边贸易体制

重庆市教育委员会人文社会科学研究项目

“非政府组织结构性参与国际法秩序”

（项目编号：12SKH12）最终成果

林泰　陈红◎著

光明日报出版社

图书在版编目（CIP）数据

非政府组织结构性参与WTO多边贸易体制 / 林泰, 陈红著. -- 北京：光明日报出版社, 2014.7

ISBN 978-7-5112-6779-5

Ⅰ.①非… Ⅱ.①林… ②陈… Ⅲ.①非政府组织－参与管理－世界贸易组织－研究②世界贸易组织－多边贸易－贸易体制－研究 Ⅳ.①F743②D564

中国版本图书馆CIP数据核字(2014)第153009号

非政府组织结构性参与 WTO 多边贸易体制

著　　者：林　泰 陈　红

责任编辑：谢　香　　　　责任校对：傅全泽

封面设计：KYLE　　　　责任印制：曹　净

出版发行：光明日报出版社

地　　址：北京市东城区珠市口东大街 5 号，100062

电　　话：010-67023927(咨询)，67078870(发行)，67078235(邮购)

传　　真：010-67078227，67078255

网　　址：http://book.gmw.cn

E-mail：gmcbs@gmw.cn

法律顾问：北京天驰洪范律师事务所徐波律师

印　　刷：重庆巍承印务有限公司

装　　订：重庆巍承印务有限公司

本书如有破损、缺页、装订错误，请与本社联系

开　　本：787x1092　1/16

字　　数：270千字　　　　印　　张：12

版　　次：2014年7月第1版　　　　印　　次：2014年7月第1次印刷

书　　号：ISBN 978-7-5112-6779-5

定　　价：36.00元

目　录

内容摘要

自20世纪80年代,非政府组织开始作为一股正式的力量在国际舞台崛起,并深刻地影响着国际社会生活的方方面面,从环境保护、人权保护、扶贫开发、劳工利益、公共卫生到反对腐败、难民问题、恐怖主义、禁止核武器,非政府组织几乎无所不及。从行动援助、绿色和平组织、大赦国际等具有巨大国际影响力的非政府组织到数不胜数的小规模非政府组织,通过与主权国家或政府间国际组织的合作这种正式的合法途径,抑或通过示威游行、暴力反抗等直接行动的方式来表达它们的意愿和呼声,实现它们的目的和价值。

另一方面,虽然一直以来,无论是中国还是西方,对于GATT和WTO的研究和论著数不胜数,但是非政府组织和WTO多边贸易体制的关系还是个比较新颖的法律问题。实际上,非政府组织在整个国际法领域下的研究都不多见。一些围绕着非政府组织的论著主要是从宪政的角度分析市民社会的发展对国内政治体制的影响,或是从社会学的角度,研究非政府组织与政府的交互关系等。国际法学者即便涉足非政府组织研究,也是宽泛地论述非政府组织对国际规则,尤其是人权规则形成的影响和作用。对非政府组织与WTO多边贸易体制的关系的系统研究却比较少见。基于这样的背景,本书试图在国际法、国际经济法的视野下,来探讨WTO多边贸易体制这个国际贸易的核心体制与非政府组织之间的关系,并期望在二者之间构建一个协调机制,一方面鼓励非政府组织在国际经济贸易活动中发挥更加积极活跃的作用,另一方面敦促多边贸易体制关照更多的利益群体,特别是人类的共同利益和弱势群体的利益。

本书在主题定位和重心上牢牢把握了WTO研究的趋势。自进入21世纪后,WTO的理论研究跨入了一个新时代。不少学者将研究重心从WTO贸易规则的具体操作转移到研究WTO作为一个贸易治理组织,它的可持续性发展，它的体制失衡和体制改革上。学者们针对 WTO 发展的趋势和缺陷，总结出一个结论——WTO 体制目前正面临着“民主缺失”的危机，原因在于 WTO 规则的形成和执行过程，虽然牵涉到普通民众的切身利益，但与民众之间的政治距离过于遥远。为此，学者们各抒己见，纷纷为 WTO 开出药方，其中之一便是在贸易规则的制定和执行阶段，听取各私人利益团体的观点和意见。学者们有的从国际法正当性的角度，有的从不同国际组织体制比较分析的角度来证实自己的主张。他们的观点为本书所借鉴，构成本书研究的理论基础和指导。

本书首先从非政府组织的一般理论分析入手。进而在纵向上，对非政府组织和多边贸易体制几十年的关系历史，横向上对非政府组织和其它重要的国际组织的关系进行了梳理和比较分析，分别论证了非政府组织对多边贸易体制的正反两方面的作用，以及非政府组织参与 WTO 多边贸易体制的必然性。并在此基础上提出了构建非政府组织和 WTO 之间的常规性、长期性的协调机制的构想，设计了在协调机制下的具体运作方式和程序。

本书除了引言和结论之外，共分五章。

第一章非政府组织的一般理论。首先从对非政府组织的内涵和概念界定入手，分析了非政府组织的五大特征，即民间性、非赢利性、有明确的宗旨和目的、依法成立、有一定的影响力等。跟着从应然和实然分析了在国际经济法的视野中的非政府组织的国际法律地位，得出了非政府组织将从有限国际法律关系主体逐渐走向完全国际法律关系主体的结论。接着分析了非政府组织兴起的背景及动因。主要介绍了非政府组织发展的历史概况、非政府组织兴起的理论依据和非政府组织兴起的现实动因。非政府组织兴起和发展的理论依据主要有全球治理、公民社会理论、市场失灵和政府失灵理论、合约失灵和志愿失灵理论、供给理论等。非政府组织兴起的社会基础是市民社会的崛起，思想渊源是西方社会民主思想、公民意识，现实需求是全球性问题的凸现、国家和政府间组织的缺位、市场的失灵，科技支持则是网络平台成就了全球范围内畅通无阻地交流。本章最后讨论了经济全球化背景下非政府组织在国际关系中的积极影响和负面作用，并指出从一国的角度（主要是发展中国家）如何趋利避害，维护一国的国家安全和经济安全。

第二章非政府组织参与 WTO 多边贸易体制的源与流。本章首先详细梳理了非政府组织和关贸总协定(GATT)以及国际贸易组织(ITO)的历史关系。接着考察了非政府组织对WTO多边贸易体制的参与。具体阐述了WTO框架下有关与非政府组织关系的规定、非政府组织参与WTO多边贸易体制具体实践,包括参与部长级会议和参与争端解决机制的实践。根据《与非政府组织关系安排的指导原则》,非政府组织不能直接参与WTO的工作或其他会议,但WTO秘书处拟定了非政府组织参与各次部长级会议的具体申请和登记程序规则,并为非政府组织代表提供办公场所和新闻设施等,在已经进行的历次WTO部长级会议中,符合条件并前往活动的非政府组织都参与了部长级会议的全部活动。虽然在部长会议中,出现了矛盾与冲突的不和谐之音,但是还是可以从中看出WTO提供的相应的便利以及非政府组织的积极参与是主流,对相关规则和议题产生了一定的积极影响。在参与争端解决机制部分,通过四个经典案例详细阐述了非政府组织以“法庭之友”名义参与WTO多边贸易体制争端解决的历程。美国对虾和虾制品的进口限制案:上诉机构第一次肯定专家小组接受“法庭之友”摘要的权利;美国对英国热轧钢产品反补贴税案:明确了上诉机构有权接受法庭之摘要;美国版权法110 (5)节案:专家组首次对“法庭之友”摘要的实质内容进行审查;欧共体影响石棉及石棉产品措施案:上诉机构第一次通过正式处理“法庭之友”摘要问题的附加程序。从这四个案例可以看出:WTO争端解决机构,尤其是上诉机构,对非政府组织以提交“法庭之友”意见书的方式参与争端解决大体上是支持的,他们在对待“法庭之友”意见书的态度上也越来越灵活、宽容,从而使非政府组织实际上获得了一些参与争端解决的程序性权利。本章最后在前述的基础上总结了非政府组织参与WTO多边贸易体制的必然性。笔者所总结的非政府组织必然参与WTO多边贸易体制的三个原因:经济的全球化、WTO多边贸易体制的管辖范围的扩大以及WTO多边贸易体制的民主缺陷。正是这三个原因,促使了作为跨国市民社会代表的非政府组织参与WTO有了一定的正当性基础。

第三章非政府组织对WTO多边贸易体制的影响。本章探讨的是非政府组织的参与对WTO多边贸易体制正面价值和负面影响,并对之做出综合评价,旨在为后文对非政府组织和WTO多边贸易体制的协调机制的构建提供全面的参考。本章首先详细论述了非政府组织对WTO多边贸易体制的积极影响,即缓和WTO多边贸易体制的民主性危机、增强公众对 WTO 多边贸易体制的信心、促使 WTO 规则得到遵守、协助 WTO 多边贸易体制的司法程序、丰富 WTO 多边贸易体制的包容性等五大影响。接着论述了非政府组织对 WTO 多边贸易体制的负面影响。尽管非政府组织的参与为 WTO 的良性发展发挥了重要的作用,但基于群众自发建立的众多非政府组织体制上不够完善,缺乏约束和监督机制,并且非政府组织的参与冲击了主权国家对国际法规则的控制。因此,反对非政府组织参与 WTO 的声音也不绝于耳。对于非政府组织在贸易治理下的参与必须保持清醒的头脑,正视可能带来的弊端,并在控制不利因素的基础上构建合作。本书论述的非政府组织对 WTO 多边贸易体制的负面影响主要有:过分追求争端解决透明度的弊端、对正当程序的影响以及对 WTO 组织体制的冲击。本书最后对非政府组织参与 WTO 多边贸易体制作用的综合评析结论是:目前,多数学者对于非政府组织参与 WTO 对 WTO 多边贸易体制的促进作用还是持肯定态度的。WTO 应该在承认非政府组织的积极作用的前提下,在一定程度上开放对非政府组织的参与权,并积极引导非政府组织的行为,尽可能减少其对国际法以及 WTO 多边贸易体制所产生的负面影响。

第四章非政府组织与主要的政府间国际组织关系模式考察及启示。本章着重考察非政府组织与其他重要国际组织间的关系模式,借鉴非政府组织与其他组织现有的关系模式中已有的成熟制度,对如何构建该非政府组织和 WTO 之间的协调机制提供重要参考价值。分别筛选了非政府组织与五个重要的国际组织的关系模式,即,联合国、国际法院、国际刑事法院、世界银行以及欧洲联盟。笔者在考察五种关系模式时,分别对非政府组织与这些国际组织间合作关系的发展历史进行了简要的回顾,目的在于一定程度的剖析不同国际组织选取不同方式处理与非政府组织合作的历史原因。在此基础上,笔者通过对确立关系模式的主要协议进行了文本解读,从国际法的层面上对各种关系进行了定位,并进行简要的评价,为下文思考如何构建非政府组织与 WTO 多边贸易体制关系时,具体制度的借鉴奠定基础。

第五章非政府组织与 WTO 多边贸易体制协调机制之构建。此为本书的重点。如前面所论,由于非政府组织的强大“吸引力”,国家或政府组织必须与之结盟或与之为敌。明智的选择当然是前者,关键在于对非政府组织和 WTO 多边贸易体制之间应该采用什么样的关系模式。本章接着梳理论述了非政府组织对多边贸易体制施加影响的具体路径。非政府组织对多边贸易体制施加影响的具体路径有:影响 WTO 多边贸易体制的国际法律规则制定;介入 WTO 多边贸易体制的争端解决程序;影响 WTO 多边贸易体制下贸易谈判、政策决策;参与监督 WTO 多边贸易体制下成员义务及承诺履行状况;促进 WTO 多边贸易体制下统一标准的进程;影响国内贸易政策的形成和实施等。在接下来关于非政府组织与 WTO 多边贸易体制协调机制的构建中,本书认为,在 WTO 体制下构建与非政府组织的永久性、常规性的协调机制,将是双方协调发展,实现共赢的更优选择。首先是协调机制的法律模式选择。本书拟以联合国模式为基础,并适当参考借鉴其它国际组织与非政府组织的关系模式,在 WTO 多边体制下构建咨商式的与非政府组织协调机制。之所以作出这一选择,一方面是因为诚如前文所述,联合国体系中的与非政府组织咨商协调机制已经较为成熟,至少在现阶段来看,具有先进性;而更重要的,是因为联合国体系与 WTO 多边贸易体制之间存在诸多的契合点,使得与非政府组织咨商协调机制移植到多边贸易体制具有现实可行性。接着是多边贸易体制下的与非政府组织协调机制安排,本书的观点是增设总理事会下所设的非政府组织委员会,由非政府组织委员会来主要负责有关非政府的事项,并明确具有咨商地位的非政府组织的权利和义务。最后关于协调机制下非政府组织参与 WTO 多边贸易体制的具体运作方式及程序中笔者设计了非政府组织与 WTO 的各项工作安排及程序,具体有:日常联系;参与部长级会议;非政府组织研讨会、参与争端解决机制等。

结论部分。通过从对非政府组织基本问题的阐述,到对非政府组织与多边贸易体制关系的探讨,再到非政府组织与多边贸易体制协调机制构建模式的设想,以及对构建该协调机制可能遇到的一些具体问题的分析和对策建议的提出。本书最后的结论及得出的启示是:在全球化大背景下,非政府组织的存在对多边贸易体制产生了深刻的影响,因此,应该赋予非政府组织与其行为相应的国际法律地位,使非政府组织充分地参与多边贸易体制,以期改革多边贸易体制的体制性弊病,增进多边贸易体制的民主化、透明度和包容性。同时也为非政府组织提供一个表达公众意愿的平台,促进政府组织与民间的对话和交流,创造一个和谐而安宁的世界。

关键词　非政府组织;WTO(多边贸易体制);国际法;国际经济法;制度构建;协调机制

ABSTRACT

NGOs grew up and began to play a role in international stage in 1980s. They influences the environment protection, human rights protection, developing and helping the poor, interests of the labor, public sanitation and corruption beating, refugees problem, terrorism, nuclear weapon forbidden and ect. There are notable NGOs such as Amnesty international, Actionaid and Greenpeace and countless smaller ones. They achieve their aim and value though cooperating with governments and international governmental organizations, or bedin and resisting.

In the other hand, scholars both in China and the west did so many researches and wrote lots of works on GATT and WTO, but the relationship between NGOs and WTO multilateral trade system remains a original legal issue. As a mater of fact, researches about NOGs from the aspect of international law are quite seldom been seen. Books on NOGs are usually about influences of the civil society to domestic political system from constitution aspects, or about the mutual influence between the NGOs and governments from sociological aspects. Even if scholars of international researches NOGs, they resumptively dissertate NGOs' infection to international regulations, especially human right rules. There is few works on the relationship between NGOs and WTO multilateral trade system. Thus, this thesis is trying to discuss this relationship under vision of international economic law, and to establish a corresponding institution which can encourage NGOs to be more actively, and can urge the multilateral trade system to pay attention on more interests group, especially common interests of human being's and interests of social vulnerable groups.

This thesis holds orientation of researchers on WTO both in subject selection and emphases location. Theoretical researches on WTO stepped into a new stage when 20th century cams. Regulation interpretation is no longer the main point. Many scholars moves their concentration from WTO trade regulation operation to WTO's sustainable development and its institutional reformation. Scholars study WTO's development and its deficiency, and draw a conclusion that WTO is under crisis of democracy loss. It is because that WTO's regulation is concerning on common people's interests, but its formation and execution is far away from demos politics. To solve the problem, scholars gives many ways, one of which is to hear and consider voice of the private interests group. Some of them compare and analyze different international organizations in due international law. Author refers to their conception as this thesis's theoretical base and guidance.

This thesis starts with general theory of NGOs. Author looks back the history of the relationship between NGOs and multilateral trade institution, and compares the relationship between WTO and different international organizations. This is to demonstrate both active and inactive influence of NGOs, and it is necessary and inevitable NGOs take part in WTO multilateral trade system. All these above are fundament of author's conceive that a routine and secular corresponding institution between WTO multilateral trade organization and NOGs will be established. This thesis also demonstrates the concrete operation of this corresponding institution.

This thesis consisted with conduct, conclusion and five other chapters.

Chapter one is about general theory of NGOs. Section one is on the conception of NGOs. NGOs have five main characters, which are civil, non profit orientation, with specific tenet, legal and influential. After analyzing the international economic law status from the should and being aspect, the author concludes that NGOs will gradually turn to be complete international jural relation subject from limited international jural relation subject. The second section is about the background and cause of NGOs' rising. The author gives brief introduce about history of NGOs' development, and presents theoretical foundation and practical cause of its rising concretely. There are theory of Global Governance theory, Citizen Society theory, Market and Government Malfunction theory, Contract and Willing Malfunction theory, Supply theory. Civil society rises and forms social foundation for NGOs' flourish. The ideological origin of NGOs' rising is democracy and citizen consciousness in the West and practical requirement is from globalization problem, states and governmental organizations' function loss and malfunction of the market, while free communication through internet gives technical supporting. In section three, the author discusses both positive and negative function that NGOs plays in international relations under the orientation of economic globalization. Then he gives some suggestion on how to make use of the advantages and avoid the disadvantages in order to maintain state's security and economical stability from the view point of a country, especially developing country.

Chapter two is comment part on relationship between NGOs and WTO multilateral trade system. Because of length limitation of this thesis and its motif, author limits his discussion on participation of NGOs in WTO multilateral trade system, which is an important part of NGOs participating international affairs. In order to demonstrate how the relationship of NGOs and WTO multilateral trade system should be, and what kind of role NGOs should play, and how to play this role, it is necessary to review the historical relation between NGOs and multilateral trade system. In section one, relations between NGOs and GATT and ITO is studied. Section two is on the practice that NGOs participate in WTO multilateral trade system. Firstly, the author introduces provisions about NGOs in WTO protocol frame, then mainly presents the practice that NGOs participate in WTO multilateral trade system, including taking part in ministerial meeting and DSU. According to the 'guiding principals on relations with NGOs', NGOs can not participate in WTO work directly and attend other meetings, besides ministerial meeting. Secretariat of WTO made regulations on applications and registration of NGOs attendance to ministerial meeting, and it provided offices and press facilities to NGOs delegates. Qualified NGOs attended all ministerial meeting and participate in all the activities in the past. And during those meeting, WTO officials emphasized the importance of NGOs' attendance, while, publicly, many Western government leaders expressed their support that WTO should have a closer relationship with NGOs. Although there are conflicts and inharmonious voice during ministerial meetings, it was the mainstream that WTO gave convenience to NGOs and NGOs took part in actively. This positively influenced related regulations and topics.

About NGOs' participation of DSU, four cases should be mentioned. All of them are about 'friend of the court' status. In the 'Shrimp case', appellate body first affirms that panel of experts has the right to accept abstract by friend of the court. 'Steel rolling' case is about that appellate body has right to accept the abstract. In 'copyright law 110(5) case', panel of experts first reviews the abstract substantially. In 'asbestos case', appellate body passed an appended procedure on dealing with abstract given by 'friend of the court'. These cases show that DSB of WTO, especially the appellate body, is going for NGOs participation with 'friend of the court'. And they are more flexible and tolerant to written opinion of 'friend of court'. As a mater of fact, NGOs do have have procedural right in DSU. It is quite possible that NGOs with play a more important role in the future. Section three is to demonstrate that NGOs will inevitablely take part in WTO multilateral trade system. The author gives out three reasons, which are economic globalization, expanding of WTO multilateral trade system's competence and democratic defection of this system. And these are justness foundation that NGOs, which are representatives of international civil society, take part in WTO.

Chapter 3 is the function of the NGOs in the WTO multilateral trade system. This chapter would discuss the positive value and the negative influence of the NGOs' participation in the WTO multilateral trade system, and make a comprehensive appreciation of it. The main purpose of this chapter is to offer an overall reference to the following chapters on the construction of the coordination system between the NGOs and the WTO multilateral trade system the first section is about the positive value of NGOs on the WTO multilateral trade system. NGOs' participation in the WTO multilateral trade system embodies the diverstify of the international business and the diversitfy of the value of the WTO system. NGOs' participation in the WTO mitigated the democracy crisis of the multilateral trade system, enhanced the external trust on the WTO multilateral trade system, urged the abidance of WTO treaty's texts, assisted the judicature procedure of WTO multilateral trade system, and enriched the inclusion of it. The second section is about the negative influence of the NGOs on the WTO multilateral trade system. Notwithstanding the NGOs' participation played an important role on the smooth development of the WTO, the systems of the NGOs spontaneously founded by the masses are not perfect, and are lack of the restrain and supervision mechanisms, NGOs' participation also shocked the sovereignty's control over the international rules. Hence, the opposition to the NGOs' participation in WTO were heard all the time. Lately, even though NGOs' participation in the field of the international law grows, the voices about listening more from the common people were also heard more and more, the malpractice accompanied with the NGOs' participation still has to be noticed, the coordination should be constructed on the foundation of all the negative influences are well controlled. The negative influence of the NGOs on the WTO multilateral trade system mainly includes: the transparency of the dispute settlement are over-pursued which leads to the impact on the proper procedures and the shock on the WTO systems. The third section is about the comprehensive appreciation of the NGOs' affection on the WTO multilateral trade system. Notwithstanding there exists negative impacts, most of the scholars still hold positive attitudes toward the NGOs' participation in the WTO multilateral trade system. WTO should admit the positive function of the NGO, open the participating right to the NGOs in some levels and give guidance to the action of the NGOs to avoid the negative impacts to the international law and the WTO multilateral trade system.

Chapter 4 is investigation on the relationships between NGOs and the inter-government organization. This chapter would investigate the models of the relationships between NGOs and other important international organizations. Use the existed models of the relations for reference to discuss how to construct the coordination mechanisms between NGOs and WTO. There are models of the relationship between NGOs and other five important international organizations selected in this chapter, the organizations includes: the United Nations, the International Court, the International Criminal Court, the World Bank and the European Union. The author recalls the history of the NGOs' cooperation and these international organizations to analyze the historical reasons why the different ways these organizations chose to deal with the NGOs. Furthermore, the author orientates the different types of the relationships by textually interpreted the main pacts founded the models of the relationships, and makes simple evaluations, which makes reference for the discussion about constructing the concrete institution of the relationships between the NGOs and WTO multilateral trade system.

Chapter 5 is how to establish the relationship of the NGOs and the WTO multilateral trade system. This chapter is the key part of this essay, because of the strong 'attraction' of the NGOs, the nations and the inter-government organizations would have to be allied or hostile to them. The wise choice would definitely be the former, the point is which model should be adopted between the NGOs and the WTO. The first section is about the specific path the NGOs influence on the multilateral trade system. The specific paths the NGOs impose influence on the multilateral trade system includes: impact on the formulation of the international laws related to the WTO multilateral trade system; the interference with the dispute settlement procedures of the WTO multilateral trade system; influence on the trade negotiation, the policy-making process; the participation in supervising the fulfillment of the members' obligations and commitment under the multilateral trade systems; the promotion to the unified process of the standards under multilateral trade system; the impact on the formation and implementation of the national policy. The third part is how to establish the coordination system between the NGOs and the WTO multilateral trade system. Among all the inter-government organizations, the NGOs play a unique role. As the international society develops and the international relationships get complex, the influence of the NGOs become more important, hence the WTO multilateral trade system cannot eliminate the NGOs, and the truth is the NGOs have already participated in the WTO multilateral trade system. However, from the jointly resistance by the NGOs in the Seattle meeting to the appeal of the anti-trade globalization pressures suffered by the following meeting, we can see that the it is far from enough that the WTO confers specific participation right to the NGOs. The standpoint of this essay is that, to establish an eternal, permanent coordination mechanism under the WTO system would be an optimal choice to obtain a win-win situation. The first thing to do is to choose a legal pattern. This essay is going to take the UN pattern as a premise, make reference to the patterns between the NGOs and other international organizations, and discuss how to establish the consults pattern under the WTO system. The reason of such a choice is first of all, as mentioned before, the consults system under the UN institution has been well developed and so far more advanced, secondly and more importantly, there are many junctions between UN institution and the multilateral trade system, which would make it possible to transplant the consult system to the WTO multilateral trade system. The following is the arrangement of the coordination mechanism under the WTO multilateral trade system, the standpoint of this essay is that to set up a NGOs commission under the general commission, the NGOs commission would in charge with the affaire related to the non-governmental, and to establish the NGOs' obligations and right which are in a consult status. The fourth section is about the specific operate methods and procedures the NGOs participate in the WTO multilateral trade system. This section discusses under the coordination mechanism, the arrangement and the procedures of the NGOs' participation, which includes: daily contacts; participation in the minister meetings; NGOs seminars and the participation in the DSU etc.

Conclusion. By illustrating the NGOs basic issues, the discussion about the relationships between the NGOs and the WTO multilateral trade system, the concerive of the patterns establishing the coordination mechanism between the NGOs and the WTO multilateral trade system, and the proposition for the possible specific problems and the countermeasures. The conclusion of the essay is: under the background of the globalization, the existence of the NGOs influenced deeply on the WTO multilateral trade system, hence the NGOs should be conferred corresponding status, which would promote the NGOs to participate the multilateral trade system thoroughly, and revolute the malpractice of the WTO multilateral trade system, enhance the democracy, transparency and the inclusive of the WTO multilateral trade system. In the mean time, to offer NGOs a platform to express their will, and promote the conversations between the governmental organization and the common people, create a more harmonize and peaceful world.

Keyword NGOs; WTO (Multilateral Trade System); International Law; International Economic Law; Constitution of an Institution; Corresponding Institution

引　言

非政府组织，英文为 Non-governmental Organizations，缩写为 NGOs，有些国家称为 Non-Profit Organizations，即非营利组织。在不同的研究领域或场景下其名称有所不同。在与政府公共组织相对照时称为非政府组织，与市场营利组织相对照则称为非营利组织，相对于第一部门政府组织和第二部门企业组织而言称为第三部门或第三域，在行政管理、社会治理领域又称为民间组织或社会团体。

自 20 世纪 80 年代，非政府组织开始作为一股正式的力量在国际舞台崛起，并深刻地影响着国际社会生活的方方面面，从环境保护、人权保护、扶贫开发、劳工利益、公共卫生到反对腐败、难民问题、恐怖主义、禁止核武器，非政府组织几乎无所不及。从行动援助、绿色和平组织、大赦国际等具有巨大国际影响力的非政府组织到数不胜数的小规模非政府组织，通过与主权国家或政府间国际组织的合作这种正式的合法途径，抑或通过示威游行、暴力反抗等直接行动的方式来表达它们的意愿和呼声，实现它们的目的和价值。

另一方面，虽然一直以来，无论是中国还是西方，对于 GATT 和 WTO 的研究和论著数不胜数，但是非政府组织和 WTO 多边贸易体制的关系还是个比较新颖的法律问题。实际上，非政府组织在整个国际法领域下的研究都不多见。一些围绕着非政府组织的论著主要是从宪政的角度分析市民社会的发展对国内政治体制的影响，或是从社会学的角度，研究非政府组织与政府的交互关系等。国际法学者即便涉足非政府组织研究，也是宽泛地论述非政府组织对国际规则，尤其是人权规则形成的影响和作用。对非政府组织与 WTO 多边贸易体制关系的系统研究还很少见。基于这样的背景，本书试图在国际法、国际经济法的视野下，来探讨 WTO 多边贸易体制这个国际贸易的核心体制与非政府组织之间的关系，并期望在二者之间构建一个协调机制，一方面鼓励非政府组织在国际经济贸易活动中发挥更加积极活跃的作用，另一方面敦促多边贸易体制关照更多的利益群体，特别是人类的共同利益和弱势群体的利益。

本书在主题定位和重心上牢牢把握了 WTO 研究的趋势。自进入 21 世纪后，WTO 的理论研究跨入了一个新时代。不少学者将研究重心从 WTO 贸易规则的具体操作转移到研究 WTO 作为一个贸易治理组织，它的可持续性发展，它的体制失衡和体制改革上。学者们针对 WTO 发展的趋势和缺陷，总结出一个结论——WTO 体制目前正面临着“民主缺失”的危机，原因在于 WTO 规则的形成和执行过程，虽然牵涉到普通民众的切身利益，但与民众之间的距离过于遥远。为此，学者们各抒已见，纷纷为 WTO 开出药方，其中之一便是在贸易规则的制定和执行阶段，听取各私人利益团体的观点和意见。学者们有的从国际法正当性的角度，有的从不同国际组织体制比较分析的角度来证实自已的主张。他们的观点为本书所借鉴，构成本书研究的理论基础和指导。对 WTO 体制正当性的辩论近几年来愈演愈烈，但这并不意味着 WTO 在走下坡路。相反的是，施加在 WTO 之上的批评正说明了 WTO 是个朝气蓬勃，有效的全球贸易体制。如果 WTO 无所作为，学者们也不会对其正当性给以如此的关注。只是人们日益意识到 WTO 的正当性不能仅从其规则产生的结果来判断，还要从规则产生的过程来判断。如果 WTO 对来自外部的这些批判不做出任何回应，将不可避免的丧失民心，走向衰败。在这种背景下，作为市民社会下勃兴的非政府组织对

WTO 多边贸易体制的适当参与将有着举足轻重的作用和意义。

作为一部主要以国际法、国际经济法为视野的著作，本书以国际法常用的研究方法为主，如比较分析方法、案例分析方法、历史分析方法等，同时，鉴于本书的研究主题具有一定的跨学科性，本书也适当借用了其他学科，如政治学、外交学的研究方法等。本书的研究框架秉承提出问题——分析问题——解决问题的思路进行构建。在提出问题部分，本书在梳理了非政府组织和 ITO、GATT、WTO 几个具有历史传承的贸易行为体几十年的关系的基础上，分析了非政府组织参与 WTO 多边贸易体制的背景及必要性与必然性。然后在分析问题过程中，本书分别论述了非政府组织对 WTO 多边贸易体制的正反两方面的价值和影响，也借鉴了非政府组织与其它国际组织关系的模式来作为参考。最后在解决问题部分提出了笔者关于在非政府组织和 WTO 多边贸易体制之间构建一种常规性协调机制的构想。

第一章　非政府组织的一般理论

虽然在不同的场合、语言环境背景下，对于非政府组织的称呼不同，但是其基本含义是基本相同的，所不同的是人们对于这种社会客观存在的现象所进行的不同角度的观察、理解，运用各自的理论和情感进行了不同的阐释、说明，寄予了各自不同的期待和理想。本书采用非政府组织这一名称，主要是基于国际法、国际经济法的视野，针对政府组织与政府间行为体而言的，是为了研究非政府组织的“软权力”如何优于政府组织与政府间行为体的“硬权力”，这种“软权力”又是如何在 WTO 多边贸易体制下发挥自身作用的。作为本书的第一章，本章将主要论述非政府组织的兴起、渊源、基本概念等基础问题，并根据国际社会现状，对非政府组织在当今社会扮演的总体角色做了一些阐释说明，为下文的进一步展开论证奠定理论基础。

第一节　非政府组织的概念解析

一、非政府组织的内涵界定

20 世纪 80 年代后开始，非政府组织一词开始出现在各大媒体、学术报刊上，非政府组织逐渐开始在国际社会参与活动、发挥作用，直到 21 世纪的今天，这个组织的队伍越来越蓬勃发展,不断壮大,如今形形色色的非政府组织机构可谓玲琅满目、五花八门,要对它作一个统一的定义几乎是不可能的。

目前对非政府组织的定义主要有两类:一类是官方政府组织文件中的解释。1994 年联合国文件(U. N. Doc. E/ac. 70/1994/5)的定义是:一种非营利性实体,其成员为一个或多个国家的公民或公民协会,他们的行为由成员的集体意志所决定,以满足一个或多个和该非政府组织合作的团体成员之需。世界银行的定义:在其最广泛意义上,非政府组织指一切官方和营利部门以外的个人团体,无论其是依合法章程建立的还是非正式的,也无论其是稳定的还是临时的。1991 年《关于承认国际非政府组织法律人格的欧洲公约》则认为一个非政府组织必须符合以下条件:1. 拥有一个非营利的国际公益目标;2. 根据一个适用缔约方国内法的文件设立;3. 从事至少在两个国家具有影响力的活动;4. 在一缔约方领土上设有法定办公机构并在该缔约方或另一缔约方领土拥有管理和控制中心。

第二类是学者在各自研究中所作的阐释。比较有代表性的是:各国的民间团体、联盟或个人,为了促进在政治、经济、科学技术、文化、宗教、人道主义及其他人类活动领域的国际合作而建立的一种非官方的国际联合体;①非由一国政府或政府间协议建立、能够以其活动在国际事务中产生作用、其成员享有独立投票权的民间组织②;主要由个人、民间团体依法建立和参加并有自己独立的章程、宗旨、组织机构和活动资金参与国际经济及相关领域活动的非营利组织③。

通常,要给一个事物下一个准确的定义或界定,首先需要弄

---

① 王铁崖主编:《国际法》,北京:法律出版社,1995 年版,第 565 页。

② 黄志雄:“非政府组织:国际法律秩序中的第三种力量”,《法学研究》,2004 年第 4 期,第 123 页。

③ 王彦志:“非政府组织的兴起与国际经济法的合法性危机”,《法制与社会发展》,2002 年第 2 期,第 113 页。

清楚其本质特征。而对于非政府组织的特征,学界同样也存在很多种观点。其中最具有代表性的是非政府组织研究领域的著名学者莱斯特·萨拉蒙教授提出的七个基本特征:组织性、私有性或民间性、非营利性、自治性、自愿性、非宗教性、非政治性[①]。还有学者强调非政府组织的公益性以及非暴力性等等。笔者认为非政府组织的最本质、内在的特征是民间自发性、依法成立、非营利性、有明确的宗旨和目的、以及在一定范围内的影响力五大特征(具体阐述见下文)。另外,也有学者认为应该界定国内非政府组织与国际非政府组织的区别,笔者认为此种观点已经不再适应全球化的今天,经济、政治全球化导致国际和国内的界限逐渐模糊,国内非政府组织的活动和影响范围已经逐步延伸到国际层面,做出这样的区分现实意义不大,对于研究非政府组织的作用也提供不了帮助。

综上,笔者倾向于将非政府组织界定为:主要由个人或者民间团体等非政府性质的单位,按照自愿和依法建立、参与的原则所成立的,具有自己独立的章程、宗旨、组织机构、资本,并在组织目的和章程范围内独立承担责任的具有跨国性的非营利组织。[②]

二、非政府组织的特征与分类

(一)非政府组织的特征

从上述对于非政府组织界定的各种观点可以看出,官方对于非政府组织的定义偏重于对其形式方面的说明,而学者则倾向于对其实质的把握。但总的来说,我们看到非政府组织的定

① [美]莱斯特·萨拉蒙等著,贾西津等译:《全球公民社会——非营利部门视界》,北京:社会科学文献出版社,2002 年版,第 185 页。

② 王秀梅:“全球治理:非政府间国际组织与国际法”,载《国际法学前沿》,北京:人民法院出版社,2005 年版,第 45 页。

义一直没有统一的定论,其外延辐射范围随着国际化的进程变得越来越广。本书鉴于对非政府组织做实质性的理论探讨,因此,并不强调其形式要件。纵观前人的成果,在此基础上,笔者认为非政府组织的特征应该有如下几个方面:

1. 民间性和自发性

所谓民间性、自发性是指无公权力的介入,应民间和社会的需求而产生的。具体来说,在国际上,该组织的成立不是依据政府间的协议;在国内上,该组织非依据国内行政组织法强制而设立。因此,非政府组织是独立于政府公权力之外的一个自治、自发的私权群体,这是非政府组织保持其中立性、独立性、利益无涉性的必然要求之一。公民权力或权利的有效实现,公权的强制性固然可以起到一定的保障作用,但是附随公权力的适用,一些负面影响也不得不承受。个体在面对公权的强势下,往往缺乏维护自己权利的勇气和能力,更多的时候,是不得不服从而不是发自内心的信服,因而也谈不上对公权的认同和信赖。而非政府组织凭借其中立的立场、自治的组织"比(政府间组织的)成员国代表更为接近一般民众,更能反映他们的呼声"①,因为它的存在本身就是为了代表一种公共利益,因而在公众中享有一定的公权力天生就缺失的亲合力。但是非政府组织要发展、壮大自身力量,增强自身影响力,就需要在一定条件内吸收国家或者政府组织作为其成员,接受他们的经济支持,但基本原则上要求非政府组织不可以沦为政府或其他利益群体控制的工具。

2. 公益性和非营利性

非营利性是指非政府组织成立的宗旨并非以营利为目的、并非为追求一定的经济利益,即价值追求是非营利性的。这是非政府组织区别于其他以营利为目的的经济实体、组织的根本所在。非政府组织因其一般都具有公益性或互益性的目标,其

① 饶戈平主编:《国际组织法》,北京:北京大学出版社,1996年版,第97页。

涉及教育、扶贫、文化、环保、人权、医疗、劳工保护、发展援助、科学研究等非营利性范围,并由此,赢得了普遍公众的信任和支持,公众大量的无偿捐赠也愿意投入非政府组织中以实现公益的目的,同时,各行各业的志愿者也大量加入组织,为组织无偿提供服务。这些捐赠者、志愿者均是本着无偿、救助、服务的精神为他们的理想信念、为人类弱势群体做一份贡献。必须指出的是,这里的"非营利性"并不是指非政府组织不可以有任何形式的营利收入,只是对于创造营利收入并非他们组织活动的主旨和工作目标,其营利活动所得也必须要用于组织的继续发展、壮大和使命的完成,而不是在组织缔造者之间进行利益分配,满足组织成员的经济利益。这样才可以保持组织的使命的公益性,同时也保证了组织的正常运转,毕竟一个组织的运转不能脱离经济支持。"①

3. 有健全的机构与明确的宗旨

没有公权的介入和干预,也没有公权的保障后盾,非政府组织在没有经济利益的驱动下,开展的具有某种公益性的、人道性的工作,得到了社会一些群体的普遍认同,他们以此为自身的价值追求,形成了非政府组织能够存在并蓬勃发展的生命源泉。

非政府组织的公益性和非营利性决定了其机构状况,甚至是工作模式。例如,绿色和平组织(Greenpeace),其宗旨是倡导爱护环境,保护环境、维持世界经济、能源的可持续性发展,其成员很大部分是来自世界各地的环境保护主义自愿者,他们通过宣传环保知识、激发人们爱护环境、定期发布世界环境状况指标、通过各种途径监督政府的行政行为和经济实体的经济活动,并敦促他们履行环保义务和职责,有的地区、国家,甚至开展示威游行活动来唤起社会对环保的重视。国际商会(ICC)是积极倡导和致力于各国贸易法统一的非政府组织,此组织力图通过自身的倡导和努力,消除各国由于国内法法律冲突所造成的贸

① 李晓风:"非政府组织的发展现状初探",《求实》,2006 年第 1 期,第 166 页。

易障碍。它的成员多是在一定领域,如经济、法律、国际关系等领域具有威望的学者、专家,他们积极参与国际公约的起草和修改,努力促成法律规则、行政许可审批和商业时间三个领域的标准化、统一化和简便化,为加快国际贸易领域法律和规则的早日统一进程作出了卓越的贡献。

4. 依法成立

所谓依法成立,即强调非政府组织的"合法性",指非政府组织的设立要符合其本国的国内法,同时也符合在国际上被许多国家普遍认可的国家间应遵循的国际公约、条例等。合法性是非政府组织开展活动的前提,也是其区别于其他非法恐怖组织、邪教组织的根本,非政府组织的设立,被要求具有明确的宗旨和章程,并且严格按照章程履行职责。因此,对于非政府组织内部而言,工作模式、工作程序、组织运行、活动资金等都必须是有法可循,有章可依。

5. 有一定领域内的影响力

在一定领域内的影响力可以理解为非政府组织的"软权力"的实在体现。非政府组织之所以可以一直持续并继续发展,很大程度上在于其在公权没有波及的范围内具有影响力,实效性。非政府组织在国际社会上的活动,只有具备一定影响力,组织才能得以存续,才能逐渐实现人们寄予组织的理想和价值追求。正值全球化进程迅猛发展的当今时代里,国际和国内的界限逐渐模糊起来,非政府组织也迎来了一个发展的春天,其活动和影响范围逐步扩展到国际层面。①

(二)非政府组织的分类

对于五花八门的非政府组织,根据其特点,一些国际组织和学者给出了不同的分类。

---

① 刘超:"非政府组织的勃兴与国际法律秩序的变塑",《现代法学》,2004 年第 4 期,第 116 页。

按照规模和范围来分，可以有全球的、地区的和国家之间的。以地缘经济与政治相结合，可分为北方发达国家的非政府组织和南方发展中国家的非政府组织。北方非政府组织，根据活动领域又可分为三类：1. 以推动可持续发展为己任；2. 着眼于救援工作；3. 致力于妇女、人权、裁军、生态和贸易等方面的倡议性活动。南方非政府组织由于资金、人员、规模的局限，影响比较小。从活动的目标来分类，非政府组织可分为发展取向的和非发展取向的。发展取向的主要包括乡村发展、扶贫、教育、卫生、儿童、环境保护等；非发展取向的国际非政府组织主要从事人道主义救济、难民安置、和平主义运动等。

世界银行将非政府组织分为两类：运作型非政府组织（operational NGOs）和倡议型非政府组织（advocacy NGOs）。前者的主要目的是设计、执行和发展有关的工程项目，后者的主要目的则是捍卫和促进某一特殊事业，进而影响世界银行的政策。当然，这两者之间并不是互相排斥的。

联合国经社理事会则将拥有咨商地位的非政府组织分为三类：第一类是那些关心经社理事会的大多数活动，为其目标做贡献，以及有广泛代表性的非政府组织；第二类是在经社理事会的少数几个特定的活动领域具有特别能力和特别关切的著名非政府组织；第三类是“注册”非政府组织，它们不具备一般的或特定的咨商地位，但偶尔对经社理事会或其分支机构，或联合国其他机构做与其能力相称的贡献。

（三）非政府组织在国际法上的地位

所谓非政府组织在国际法上的地位即是指非政府组织作为国际法上的行为主体参与国际事务、承担国际义务的资格或人格，即非政府组织作为一个国际法主体的合法性地位。

如前所述，在当今世界舞台上，非政府组织和传统的国际法主体一样，活跃在各个角落，积极广泛地参与国际事务中的各个领域,并发挥着重要的影响和作用,但是迄今为止,没有一个明确的法律规定承认它在国际法上的地位。当今的国际法,在实践层面,普遍地遵循"威斯特伐利亚"传统,只承认主权国家为完全的国际法主体,并不承认民间团体;随着世界经济、文化的变化,现代国际法的发展,现在开始有限地承认政府间国际组织和正在争取独立的民族的主体地位,而对非政府组织的主体地位一直没有做任何认可。一般说来,国际法主体资格必须具备三个条件:一是独立参加国际关系;二是能直接承担国际地位上的权利和义务;三是有独立进行国际求偿的能力。[①] 一般认为,在当代国际社会里同时具备这三个条件的是国家,而在一定范围内和一定条件下还包括国际组织(指政府间国际组织)和正在争取独立的民族自治组织,显然非政府组织不具备上述条件。而在民间社会和学术界,要求承认非政府组织的国际法律地位的呼声也越来越高。在学界,学者们极力探索和赋予非政府组织足够的合法性,但是尚未达成共识。国际法的发展是一个渐进、不断发展的过程,对于国际法主体的发展演变也将是一个渐进的过程,正如接受承认政府间国际组织、民族自治组织在一定范围内成为国际法的主体一样。通常认为,在国际法法律体系中,法律主体在其性质上或在其权利的范围上并不一定都相同,一个国际人格者不必具有各国通常具有的一切国际权利、义务和权力,非政府组织的崛起有力地冲击和挑战了这一传统。因此,可以预见的是,确立非政府组织的国际法律地位是一个缓慢渐进、不断发展的过程。

非政府组织的国际法律地位目前虽然没有统一定论,还在探讨和论证中,但笔者认为,至少应该在一定限度和一定条件下承认其国际法地位,就像承认政府间组织一样,使其成为相对的、有限的国际法主体,并随着国际政治、经济、文化意识等形势的进一步发展,最终具有完全的国际法主体资格。

---

① 王铁崖主编:《国际法》,北京:法律出版社,1995 年版,第 187 页。

(一)非政府组织在国际社会中的现有地位——有限承认

非政府组织的法律地位尽管没有在任何一个国际性法律文件中得以明确统一的规定,但是近几年来的实践证明,非政府组织的努力和活动逐渐在国际社会上得到了回应,它的地位也逐渐明朗起来。1945 年联合国宪章第 71 条规定:"经社理事会应与非政府组织就其职权范围内的事项与之进行咨商"。如前文所述,1996 年经社理事会第 31 号决议《联合国与非政府组织咨商关系决议》将非政府组织分为三类。自 1972 年斯德哥尔摩人类环境大会后,非政府组织的平行会议就成为惯例延续下来,它们在联合国举行国际会议的同一时间和地点,召开同一议题的国际会议,通过其自身的积极努力,积极参与国际事务,扩大影响力,加强了它们在国际舞台的实际地位。

在国际贸易领域,1995 年《马拉喀什协议》第 5 条第 2 款规定:"总理事会可以就与涉及 WTO 事务的非政府组织的磋商和合作做出适当的安排"。1996 年 7 月,WTO 总理事会又通过了《与非政府组织关系安排的指导原则》,确定了 WTO 与非政府组织合作的基本原则。[①]《关于争端解决的规则与程序的谅解》第 13 条第 1 款规定:"每个专家组都有向它认为合适的人或团体寻找资料和技术咨询的权利。"从而成就了 1998 年"虾/龟"案开创非政府组织以"法庭之友"的身份参与争端解决机制的先河。[②] 由此可见,虽然在国际法法律主体上,非政府组织还没有正式的合法地位,但它们已经有了积极参与国际事务的途径和渠道,它们的行为在一定限度范围内已经向国际法主体法律地位的基本要素靠拢了。

通过大量的对非政府组织实践发展的关注和研究,国内外很多学者都要求扩大国际法主体法律地位的内涵和外延,使得

① 李振纲:"WTO 与非政府组织关系初探",《法学评论》,2000 年 1 第 3 期,第 25 页。
② 何燕华:"论非政府组织对 WTO 的影响",《行政与法》,2004 年第 4 期,第 55 页。

非政府组织可以成为其一分子，使它们能够在更多领域、更深层面更好地影响和推动全球化进程，重塑和修缮公正合理的国际新秩序。“市民社会（非政府组织是其中有组织的中坚力量）在全球竞争中扩大的角色和与之而来的寻求全球机构商业活动更大的透明度，已良好建立并成为全球秩序中不可逆转的趋势。今天这一问题，已不是是否应该如此，而是如何参与和有效合作的问题。”①这种大势所趋吸引着更多的学者对非政府组织在国际法主体法律地位的内涵以及与非政府组织协作模式的研究和探索。正如有学者所言：“承认非政府组织的国际法主体地位，从实体法来看是对国际法规则的一种解释，从社会法来看是对国际法事实的一种承认，从自然法来看是对国际法理想的一种追求。”②因此，随着国际社会的日益变化，国际经济交往增多，国际政治、文化的复杂，人类居住环境的缩小，地球村意识的增强，我们不能满足于现有的有限承认非政府组织的国际法律地位，需要继续努力，缩小与国际法主体资格的距离，通过法律地位的增强，更好的发挥非政府组织的潜能，提升其在国际社会的空间和影响的深度，促进世界潮流的进一步发展。

（二）确立非政府组织的国际经济法律地位

本书主要在国际法、国际经济法的视野下来探讨非政府组织与 WTO 多边贸易体制的关系，因此有必要将非政府组织在国际经济法中的法律地位进行论证，从而为理顺非政府组织在这一领域的合法地位奠定基础。

1. 非政府组织在国际公法、国际政治领域中的法律地位

在国际公法中，通常将非政府组织纳入国际组织法中来研究和探讨，从法律特征、组织形式、社会功能等方面进行论述。

---

① ［美］彼得·萨瑟兰等著，刘敬东等译：《WTO 的未来——阐释新千年的体制性挑战》，北京：中国财政经济出版社，2004 年版，第 59 页。

② 王彦志：“非政府组织与国际经济法论纲”，陈安主编：《国际经济法论丛（第 7 卷）》，北京：法律出版社，2003 年版，第 279 页。

由于国际公法带有很强的公权力色彩，它对国际法主体资格的限定相当严格，因此现代国际法仍旧保留着三大主体的传统模式。但是，在国际政治多极化、国际经济全球化和国际社会组织分工化的大环境下，仍然对非政府组织的国际法主体地位一味地排斥、拒之千里，是违背潮流发展和不公正的。

在学界，论证非政府组织的法律地位主要有两种途径：一是相似类比法，通过寻找和论证政府间组织与非政府组织之间的相似特征，来推断出非政府组织具有准政府间组织的法律地位；二是演绎推理法，根据国际公法所公认的主体资格标准，从实践中寻求证据，证明非政府组织的特征和行为符合该资格标准，从而得出非政府组织的主体资格。从国际公法的思路出发，学者得出的一般结论是：尽管非政府组织只算得上一个“限制国际法行为能力人”，但它仍不失为一个国际法主体。[①]

而国际政治则是从全球治理这个高度来考量的。国际政治的核心词汇就是权力角逐。但是随着近年来“民主”、“平等”、“法治”等理念在国际社会的深入人心，国际政治领域也开始对其以往的做法和产生的弊端进行了反思和纠正。市民社会的呼声越来越高，人权和环境等的要求越来越高，非政府组织正好迎合了填补民主空白和丰富全球治理内涵的需求，作为反应市民社会需求的一种力量开始发挥作用，并且对国际政治产生了不可抹杀的影响。“非政府组织作为全球市民社会的代表，由于没有国家主权的约束，一般也不受自我利益的驱动，能够以所谓‘全球的良心’去致力于全球性问题的解决，争取与国家主权相平等的权利和权利诉求，要求逐步从旁观者成为政策的制定者之一，以填补其中的民主鸿沟。”[②]因此，就国际政治而言，它虽然也研究非政府组织的法律地位，但更倚重的是非政府组织作为公共利益的代表弥补国家和政府组织在全球治理中的缺位功

① 参见李先波等：《主权、人权、国际组织》，北京：法律出版社，2005 年版，第 266 页。
② 刘超等：《国际法专论》，北京：知识产权出版社，2004 年版，第 44 页。

能，它是“全球治理结构的制度创新和组织创新，为国际社会提供‘第三种机制’的选择。”[①]

2. 在国际经济法中非政府组织的法律地位

基于以上分析，可以借鉴国际公法的演绎推理法来论证非政府组织的国际经济法律地位。依照一般的国际经济法原理，以自己的名义与能力独立在国际经济法律关系中行使权利、承担义务的主体才能成为国际经济法主体，才具有国际经济法律地位。[②] 首先从以自己的名义方面来看，非政府组织在成立时，就具有了自己的名称和组织机构，同时，为了扩大其影响力和赢得国际支持，其具有鲜明的立场观点、组织行动和宗旨，并且具有相对独立经济来源。它们不对任何政府负责，因其并非政府组织或为政府做事，却对它们的支持者和意志者负有自然的义务，这种义务是自愿的、没有任何权力压制下的，更倾向于一种道义和责任义务。其次，从“权利能力”方面来看，非政府组织虽然作为市民社会的私人、自发的群体，但它是依据某个国内法而成立的。因此，在这个国内法法律限度内，非政府组织毋庸置疑具有和其他组织一样的相应的权利能力。但是对于国际性的非政府组织，是通过遵守国际私法规则或者国际惯例（如国际红十字协会）成立，从而得到其他国家的承认，使其行为合法化。这也正是国际性非政府组织很难确立其国际经济法地位的主要原因。最后，从“行为能力”来看，非政府组织的资金来源主要是支持者的捐赠。[③] 这就决定了它的经济独立性，其资金来源于公众，并非政府财政支持，使其能够以自己的行为实现权利并为自己的行为承担责任。同时也决定了它的意志独立性，是为了公益目的，非迎合政府的行为。当然，不可否认，由于非政府组织源于民间团体，它们成立又依各自的国内法，因此，不能形成

① 刘清才、张农寿：“非政府组织在全球治理中的角色分析”，《国际政治专论》，2006 年第 1 期，第 51 页。

② 余劲松、吴志攀主编：《国际经济法》，北京：北京大学出版社，2000 年版，第 28 页。

③ 李晓凤：“非政府组织的发展现状初探”，《求实》，2006 年第 1 期，第 32 页。

一个统一的规范组织形式或者标准。在实际操作中,各个非政府组织在权利能力和行为能力范围上并不相同,也不可能获得与国家或者政府组织这些国际法主体同等的权利、义务。

在国际经济法律关系中存在着两类关系:一类是横向的平等主体之间经济交往关系;另一类则是纵向的主体之间的管理与协作关系。非政府组织的非营利性决定了它主要是参与第二类关系。借用国际政治中的"治理"一词,非政府组织是对以国家或者国际组织为主导的国际经济治理结构的一种补充性资源。特别是在一些国家或者国际组织无法适当协调的特别领域,非政府组织因其特有的特性和"吸引力"而能起到意想不到的良好效果,起到了良好的补充和辅助作用,在国际社会中的治理作用越来越凸显。如果把全球经济治理比作一个浩大繁复的工程,非政府组织就是这个工程的必要组成部分,起到润滑、催化的作用,因为一个工程,即使是其中一个细枝末节问题没有处理好,都可能导致整个框架的崩溃,非政府组织的作用虽非支柱和中坚力量,但可以发挥其作用来优化全球经济治理结构并推动全球经济治理得以顺利开展。

综上所述,笔者认为,无论是从国际公法、国际经济法的理论层面还是从国际社会的实践层面,非政府组织都具备了国际法律主体地位的一般构成要素。确立非政府组织的国际法律地位只是一个时间问题,需要一个缓慢的发展过程,需要社会其他因素的共同配合。

第二节　非政府组织兴起的背景及动因

现代意义上的非政府组织产生于19世纪早期,其代表有英国及外国反对奴隶制协会(1823年)、保护土著居民协会(1832

年)、世界福音教派同盟(1846 年)等。[①] 19 世纪后期以来,非政府组织的活动范围逐渐扩展到人道主义救助(如 1863 年成立的国际红十字委员会)、国际法的编纂(如 1873 年成立的国际法研究院和国际法协会)、自由贸易与劳工权利(如 1919 年成立的贸易联盟国际联合会)等众多领域。20 世纪 20 年代末期开始,国际非政府组织的发展由于世界政治经济原因而遇到挫折。二战以后,经历了两次世界大战的低潮,特别是 20 世纪 60 年代以来,非政府组织的发展势头明显加快。[②] 国际非政府组织重新组建,一些新的非政府组织也开始建立。虽然国际非政府组织的活动在二战后的 10 年受到冷战政治的很大影响,但在其后,由于主权国家及其政府转变了对非政府组织的认识,同时减少了对非政府组织的限制措施,并且从资金等方面予以扶持。非政府组织从此以后迅速兴起,其数量呈爆炸性增长。据《国际组织年鉴》统计,1907 年全世界共有 213 个国际组织,其中非政府组织为 176 个,约占 82.6%;到 2000 年,国际组织总数达到 50373 个,其中非政府组织为 43958 个,约占 87.3%。[③] 到 2002 年,在现有的 48350 个国际组织中,非政府的国际市民社会组织占 95%以上,至少在 4.6 万个左右,[④]再加上各国的国内非政府组织,全球非政府组织的数量以数十万计。[⑤]

一、非政府组织兴起的理论依据

非政府组织的兴起不是偶然的,它体现了一个社会的需求,

① 据此可以认为,政府间国际组织的产生略晚于非政府组织,如国际电报联盟(1865 年)、邮政总联盟(1874 年)。参见梁西:《国际组织法》,武汉:武汉大学出版社,2001 年版,第 20 页。

② 黄志雄:“非政府组织:国际法律秩序中的第三种力量”,《法学研究》,2003 年 4 期,第 35 页。

③ 数据参见:http://www.uia.org/statistics/organizations/ytb199.php,(2007 年 8 月 26 日登陆)。

④ 参见俞可平:“全球治理引论”,《全球化:全球治理》,北京:社会科学文献出版社,2003 年版,第 2 页。

⑤ 参见刘超:“非政府组织的勃兴与国际法律秩序的变塑”,《现代法学》,2004 年第 4 期,第 20 页。

这一个运动的兴起同其他运动一样,要沿着正确的道路进行下去,同样需要坚实的理论做指导,概括起来,非政府组织兴起和勃发的理论依据主要有全球治理、公民社会理论、市场失灵、政府失灵理论、合约失灵、志愿失灵理论和供给理论等。[①]

(一)全球治理理论

治理在不同的文本中定义不同,但是其定义一般都涉及为解决共同问题的团体性决策制定。[②] 最早提出治理概念的是世界银行。世界银行在 1989 年首次使用了“治理危机”(Crisis In Governance),并在两个层次上对治理进行解构:一个是“技术领域”的,强调治理就是建立“发展的法律框架”和“培养能力”,其中包括实现法治、改进政府管理,提高政府效率等;二是支持和培养公民社会的发展,自愿性组织、非政府组织、各种社团等都是要发展的对象,而对公民社会的推动涉及到提高责任心、合法性、透明度以及参与水平,实际上就是归权于社会。[③] 关于治理的各种定义中,全球治理委员会的定义具有很大的代表性和权威性:治理是各种公共的或私人的个人和就够管理其共同事务的诸多方式的总和。它是使相互冲突或不同的利益得以调和并采取联合行动的持续的过程。这既包括有权迫使人们服从的正式制度和规则,也包括各种人们同意或以为符合其利益的非正式的制度安排。[④] 治理理论强调政府之外,其它非政府机构对社会的调节功能,这意味着权力并不必然为政府所垄断,即强调治理行动主体的多元性与多维性。所以,当下的治理理论已经不是传统意义上的涵义,它被赋予了新的话语功能,即从政治学、

① 部分内容可参见张晖:“非政府组织兴起的背景和理论依据”,《陕西行政学院学报》,2008 年第 1 期。

② Daniel C. Esty, Good Governance at the Supranational Scale: Globalizing Administrative Law, Yale Law Journal (2006) p. 1497.

③ 可参见庞兰强:“社会行政主体的行政法理论基础”,《吕梁高等专科学校学报》,2007 年第 2 期,第 11 页。

④ 参见俞可平:“全球治理引论”,《全球化:全球治理》,北京:社会科学文献出版社,2003 年版,第 2 页。

社会学到经济学领域中所有涉及公共事务的活动。学者鲍勃·杰索普(Bob Jessop)曾经这样形容这种状况:“过去15年来,它在许多语境中大行其道,以至成为一个可以指涉任何事物或毫无意义的时髦词语”。①

现代意义上的治理,本质上涉及的是政府与公民社会的关系问题。治理行动的展开,其实是政府职能的退缩,社会权力的加强,即政府需要改变以往的行动方式和管理模式,让市民社会充分有序地参与到公共事务的处理中来,通过利用市民社会的参政热情和参政智慧,营造一个良好的政府与社会关系氛围,以政府和市民社会共同协商合作的态度,一起处理社会公共事务,达到解决社会公共难题的目的。正如俞可平教授所言:全球化使“人类的政治生活正在发生重大的变革,其中最引人注目的变化之一,便是人类政治过程的重心正在从统治走向治理,从善政走向善治,从政府的统治走向没有政府的治理,从民族国家的政府统治走向全球治理”,这正是治理概念为什么引起如此之多学者持久的关注的最根本的社会根源。② 因为治理的目标致力于:“社会是由自己管理,并为自己而管理。所有的权力都归社会所有。”③“治理理论的产生,可以视为突破民主两难困境的一种尝试,也是对传统代议制民主的一种矫正,即在现有的代议制民主的框架内增加直接民主的含量”。④

全球治理概念则是在治理概念基础之上的延伸,但是和治理定义一样,要给全球治理这一概念下一个准确的定义似乎比较困难,纵观现有学术文献可以看出,目前学界对全球治理的研

① [英]鲍勃·杰索普:“治理的兴起及其失败的风险:以经济发展为例的论述”,《国际社会科学》(中文版),1999年第2期,转引自俞可平:《治理与善治》,北京:社会科学文献出版社,2000年版,第5页。

② 俞可平:“全球治理引论”,《全球化:全球治理》,北京:社会科学文献出版社,2003年版,第2页。

③ [法]托克维尔著,董果良译:《论美国的民主》(上),北京:商务印书馆,1988年版,第63—64页。

④ Frissen, Politics, Governance and Technology: A Postmodern Narrative on the Virtual State, UK: Edward Elgar Publishing Limited, 1999, 122. 转引自庞兰强:“论社会行政主体”,苏州大学2006年博士学位论文,第61页。

究，主要集中于探讨治理的基本范式，很少涉及全球治理的基本内涵与外延。有学者从治理概念入手或者从与治理概念相区别的基础上来阐释全球治理的涵义，如蔡拓教授认为："全球治理是治理在国际层面的拓展与运用，虽然两者仍有不少区别，但在基本精神和核心内涵上显然是相同或相通的。正因为如此，全球治理的概念也就往往与治理的概念联系在一起，甚至在不少语境中被等同了"。[①] 俞可平教授也认为："从一定意义上说，全球治理是国家层面的治理和善治在国际层面的延伸"。[②] 相比其他学者从侧面对全球治理的阐述，李少军教授则是少数对之直接下定义的学者："全球治理是指在没有强力中央权威干预的情况下，以得到认可的法则、规范和制度所形成的框架为基础进行全球合作。"[③]除此之外，一些国外学者是从治理的主体角度来解析全球治理概念，如英国学者戴维认为："全球治理不仅意味着正式的制度和组织——国家机构、政府间合作等制定（或不制定）和维持管理世界秩序的规则和规范，而且意味着所有的其它组织和压力团体——从多国公司、跨国社会运动到众多的非政府组织——都追求对跨国规则和权威体系产生影响的目标和对象"。[④] 所以，全球治理概念是建立在治理的基础之上的，治理实践为全球治理行动提供可资利用的制度基础、基本框架以及运作模式。就本质而言，全球治理是治理的全球化形式，是治理在更大范围内、更高层面上的展开和落实，大体可以理解为人类各种力量面对全球化中出现的种种危及自身利益的问题而协同应对的一种机制的总称。由此可见，全球治理的基本特征是：第一，在全球范围内虽然缺乏某种中央权威，但仍存在能够实施

① 蔡拓："全球治理：来自中国的理解与实践"，载蔡拓主编：《全球治理与中国公共事务管理的变革》，天津：天津人民出版社，2005 年版，第 8 页。

② 俞可平："全球治理引论"，载俞可平主编：《全球化：全球治理》，北京：社会科学文献出版社，2003 年版，第 1 页

③ 李少军：《国际政治学概论》，上海：上海人民出版社，2005 年版，第 38 页。

④ ［英］戴维·赫尔德等：《全球大变革-全球化时代的政治、经济和文化》，北京：社会科学文献出版社，2001 年版，第 70 页。

某些决定的机制,换言之,全球治理的实质是以全球治理机制为基础,而不是以正式的政府权威为基础。第二,全球治理存在一个由不同层次的行为体和运动构成的复杂结构,强调行为者的多元化和多样性。全球治理并不排斥国家政府在全球治理中的重要作用,但它认为国家只是进行全球治理的众多行为体的一部分,各种非国家行为体与国家政府协商合作,从地区到全球层次上解决共同的问题。第三,全球治理的方式是参与、谈判和协调,强调程序的基本原则与实质的基本原则同等重要,其关键词是“项目规划”、“伙伴关系”、“意见一致”。第四,全球治理与全球秩序之间存在着紧密的联系,全球秩序包含那些世界政治不同发展阶段中的常规化安排,一些安排是基础性的,而另一些则是程序化的。可以认为,全球治理就是全球秩序加上意向性。[①]全球治理的兴起,“主要归纳为三方面的原因,其一,全球化的推动;其二,全球性问题的挑战;其三,民主化的压力”[②]。在内容上,全球治理强调全球范围的、多中心的、多层次的、民主协商式的参与,“以实现一个建立在契约而不是地位,协商一致而不是强制的基础上的全球社会。”[③]

(二)市民社会理论

市民社会又被称为“公民社会”、“民间社会”,当社会中除了政府政治权力外,还出现了多层次的社会权力,且社会权力产生之初就与政治权力相分离相区别,市民社会由此而产生。

市民社会理论源远流长,黑格尔曾把伦理看成是一个有机的精神世界,并把它分为三个发展阶段:直接的、自然的伦理精神——家庭;伦理精神分化、统一的丧失——公民社会;伦理精

---

① 参见百度百科,http://baike.baidu.com/view/1922482.htm,(2010 年 11 月 16 日登陆)。

② 蔡拓:“全球治理:来自中国的理解与实践”,载蔡拓主编:《全球治理与中国公共事务管理的变革》,天津:天津人民出版社,2005 年版,第 5—7 页。

③ [美]维利·勃兰特:国际发展问题独立委员会报告《争取世界的生存——发展中国家和发达国家经济关系研究》,北京:中国对外翻译出版公司,1981 年版,第 8—11 页。

神经过分化、中介而完成新的统一——国家。他认为公民社会是一种低级的形式，国家是高级的形式；公民社会是国家的历史前提，而国家是公民社会的目标。马克思对公民社会与国家的关系进行了客观的分析，他通过公民社会分析国家，把黑格尔“绝对精神——国家——公民社会”的模式颠倒过来，形成了“物质生产——公民社会——国家”的分析模式。[①] 当前流行的关于公民社会的定义是基于国家、经济、公民社会的三分法基础上做出的，其中戈登·怀特的定义最有代表性。他认为公民社会“是国家和家庭之间的一个中介性的社团领域，这一领域由同国家相分离的组织所占据，这些组织在同国家的关系上享有自主权并由社会成员自愿结合而形成以保护或增进他们的利益或价值”。[②] 戈登·怀特把公民社会定义为国家和家庭或个人之间的一个相互作用的领域，且包括这一领域中相关的价值和原则。而非政府组织恰恰是公民社会中最积极、最活跃的角色，它集中体现了公民社会的一些价值和原则。

公民社会理论关于国家和公民社会之间关系的论断是公民社会理论的重要内容，也是非政府组织存在的理论基础。公民社会是介于国家和家庭之间，相对独立于国家而存在的，国家不应该干涉公民社会自身的管理和运行，不应该强加价值和原则。公民社会具有强大的自治能力，可以自我管理、自我组织、运行。同时，独立的公民社会可以对国家权力形成一种监督，有助于限制国家权力的扩张，防止国家权力的滥用，有利于集中反映市民的需求和利益要求，有利于国家及时对民众的要求做出反应。公民社会理论的中心话题是如何建立自治、自主、自律性的社会组织，从而形成经济、政治、社会良性互动的现代化社会结构，而这一类的社会组织指的就是非政府组织。

---

① 盛红生，贺兵：《当代国际关系中的“第三者”——非政府组织问题研究》，北京：时事出版社，2004 年版，第 67—68 页。

② 戈登·怀特：《公民社会、民主化和发展：廓清分析的范围》，北京：社会科学文献出版社，2000 年版，第 3 页。

(三)市场失灵和政府失灵理论

市场失灵通常指的是市场不能实现对资源的优化配置而引起的失灵,广义的市场失灵还指市场机制自身存在无法解决的问题,产生了一些消极的后果。市场失灵是相对的。如果同等条件下市场机制没有其他机制做得好,那么市场就是失灵,这时,应当以其他机制替代市场机制,从而达到资源的最优配置。市场调节和政府宏观调控是社会经济运行的两大调节机制,如果政府调控比市场调节更有效率或更成功,那么政府调控就应该代替市场调节。

最早提出政府失灵和市场失灵理论的美国经济学家伯顿·韦斯布罗德,他运用“需—求—供—给”的经济学分析框架诠释了非政府组织存在的必然性:每个人对公共物品和私人物品都有需求,政府、市场和非政府组织在满足人们这些需求时具有相互替代性。[①] 政府和市场在提供公共物品方面的缺陷直接导致了非政府组织的产生。市场失灵和政府失灵理论将传统的经济学分析方法运用到了对非政府组织相关问题的分析之中,为非政府组织的现实运作提供了较有分量的理论解释。[②]

(四)合约失灵和志愿失灵理论

志愿失灵理论则解释了非政府组织相比较政府组织的内在局限与缺陷。志愿失灵理论是由美国公共政策学者萨拉蒙提出,也被称为第三方管理理论。萨拉蒙指出,单靠非政府组织自身的力量将无法推动公益事业,即“志愿失灵”。政府失灵、市场失灵都把志愿部门作为弥补两者缺陷的补充手段,但是它们都没有看到志愿部门本身存在的固有缺陷,会出现“志愿失灵”。志愿失灵最突出的表现为:非政府组织开展活动所需的开

① 吴东民、董西明:《非营利组织管理》,北京:中国人民大学出版社,2003 年版,第 42 页。

② [美]莱斯特·萨拉蒙等:《全球公民社会——非营利部门视界》,北京:社会科学文献出版社,2002 年版,第 185 页。

支与其实际能募集到的资源之间存在巨大的缺口，即所谓萨拉蒙称之慈善不足。政府是拥有公权力的合法组织，它可以借助公权力来实现自己的意志，募集自己所需的资源，而非政府组织募集资源的能力与政府相差甚远。因此，政府组织与非政府组织可以扬长避短，相互合作，共同解决问题。例如，政府负责资源的动员和募集，非政府组织负责提供服务。

合约失灵理论是由美国法律经济学家亨利·汉斯曼最早提出的。[①] 这一理论主要是为了解释营利组织本身的局限性，以及为什么在市场机制的对比下选择非政府组织的原因。该理论认为，作为消费的两端，生产者和消费者能够获取的信息是不对称的，消费者往往无法获知大量必要的信息，难以对商品的质量和服务做出准确评估，特别是当产品是由营利性组织提供时；同时，生产者为了营利，可以采取通过提供劣质商品获取高额利润，并且其有这样的能力，这样就损害了消费者的利益。生产者和消费者之间的合约不可避免的造成伤害消费者的情况，这就是合约失灵。汉斯曼认为，在服务的购买者和消费者相分离的情况下和存在价格歧视以及在不完全贷款市场提供公共物品等制度的条件下，都会出现合约失灵现象。为了解决合约失灵问题，必须首先解决生产者和消费者之间信息不对称的问题，为产品和服务之间寻求一个联系的平台，这个平台就是非政府组织。合约失灵理论更多地关注非政府组织本身的特性，揭示了非政府组织在提供私人物品中的优势地位。

(五)供给理论

供给理论则主要解释了人们为什么愿意从事公益事业，即提供公共物品的动机何在。对供给理论，目前学界并没有统一

① 亨利·汉斯曼(Henry Hansmann)在其于 1980 年发表的文章《非营利企业的作用》(The Role of Nonprofit Enterpris)中进一步阐述了这个主体，该文载于《耶鲁法律期刊》(Yale Law Journal)，Vol. 89 (1980)，835—901 页。汉斯曼认为，当普通合约机制无法向消费者提供足够的制约生产商的手段，在此处通常会出现非营利组织。此后，他的理论一直被称为"合约失灵"理论。

的解读。王绍光教授的观点是：对非政府组织背后的团体和个人动机的分析归纳起来不外乎三类：第一类是为了从中牟取团体或个人的利益；第二类则带有利他色彩，但期望能获得回报，比如精神上的愉悦等；第三类则是纯粹利他的。[①]

第一种强调参与者将非政府组织作为其攫取利益的手段及方式，通过参与其中的活动来获取有形或无形的利益，比如物质、荣誉等。譬如，在美国对非政府组织活动的参与被视为社会地位的象征，而在日本则可以给自己带来一定的政治影响力。第二种强调了参与者所冀求的是精神上的回报。譬如，很多宗教团体热衷于参与非政府组织活动，其重要的目的之一就是为了吸引人们从内心接受并皈依这种宗教，虽然不排除其中有一些利他的因素在内。第三种是纯为社会公益、纯粹利他性的，尽管这一类的人并不多，但他们对公益事业的影响却是是巨大的。这类人把参加公益事业看成自己应尽的义务，以帮助别人为己任。

综上所述，公民社会理论从起源和性质方面证明了非政府组织存在和发展的重要性。市场失灵和政府失灵理论运用经济学的方法阐述非政府组织的发展和作用，说明了在政府和市场之外非政府组织存在的原因。合约失灵理论从功能需求角度探讨非政府组织存在的必要性。志愿失灵理论从非政府组织自身出发，考察其在提供公共物品方面的不足和弊端。供给理论从非政府组织自身的供给动机出发，探讨个人和团体参与非政府组织活动的动机，并引起对其弊端的重视和规避的思考。这些理论是非政府组织建立的基础，也是我们研究非政府组织的出发点。

① 王绍光：《多元与统一——第三部门国际比较研究》，杭州：浙江人民出版社，1999 年版，第 41 页。

二、非政府组织兴起的现实动因

非政府组织具有与政府间组织一样的悠长的历史,但是它作为一股独立的力量登上国际舞台还是近几十年的事。它在社会发展和公民需求的空间内萌芽并逐渐成长,至今迸发出无法抗拒的力量,形成一股不可小觑的潮流,在全球范围内获得了迅速发展和普遍认同。随着非政府组织数量的增加和规模的扩大,组织活动和机构的日益成熟,非政府组织涉及的领域也在不断扩大,政治、经济、社会、人权、环境,凡是人们认为有关公共利益的领域都有非政府组织涉及。同时,也有不少著名的非政府组织为人们熟知,并参与到联合国的具体工作中去,如地球之友国际组织、国际标准化组织、红十字国际委员会,在某些国际事务和国际法领域具有国际法律地位,在制定或通过一些重要文件中往往发挥着重大的国际影响。回顾非政府组织走过的这段历程,揭示其走向更深层的源流,牵引我们探索它的未来发展之路。

(一)社会基础——市民社会的崛起

市民社会这个概念最早渊源于古希腊时代,是相对于政治国家的一个概念,实质就是权利与权力的对立。在权力本位向权利本位的过渡进程中,市民社会的力量也在不断发展壮大。20 世纪 80 年代起,非政府组织开始勃兴,这从一个侧面反映了西方社会国家权力的相对衰弱和民间权利的急剧增强以及市民社会理念的复兴。[①] 市民社会是一股分散、自发的以私人权利为主体的势力,它缺乏有力的组织形式这一利器来与权力作斗争。因此当市民利益的需求和权利的使用发展成熟到一定程度,单

① 刘超:“非政府组织的勃兴与国际法律秩序的变塑”,《现代法学》,2004 年第 4 期,第 42 页。

个弱小的个体基于某种共同的目标就会自发地组织起来，试图取得与公权力平行的资本，与公权力平等对话、参与决策的支点。

（二）思想渊源——西方社会民主思想、公民意识

非政府组织在20世纪90年代之前基本上是被排除在国际经济及社会决策议程之外的，参与国际经济事务的谈判与决策的权力为国家垄断。[①] 随着个人权利的重视，民主的呼声汹涌如潮，同时，主权国家在参与国际经济事务的时候更多的偏向于自身经济、政治利益，而对于一些全球性问题，如环境、扶贫、公共卫生等熟视无睹。因此，国家和政府组织的行为很难说代表了人类社会普遍的要求和诉求。“民主赤字”在国际经济领域出现，西方民主的传统需要回归。此时，非政府组织应运而生，站出来要求平等地参与国际经济事务并表达自己的利益和关注，表达和广泛传播其民主思潮、民主意识，正吻合了时代和人民的要求，也为非政府组织的勃兴打下了思想基础。

自公民概念产生以来，其内涵也经历了诸多的变化，而现代的公民意识所呈现的是“以平等、自由为轴心的正义价值追求和理性的自律精神”。[②] 公民作为市民社会中主体的另一种身份，除了在私法领域维护自己的权利、主张自己的利益，还积极参与政治生活、主张其政治权利，塑造公共精神和社会责任感。因此，这种对公共领域的关怀，虽然本质上仍是从个体私利出发，却增加了公益的性质，展现了非政府组织内在的精神依托。非政府组织需要支持公益，并且愿意为公益事业做奉献的有着理性头脑、感怀人生的公民的支持。

① 王彦志：“非政府组织与国际经济法论纲”，陈安主编：《国际经济法论丛（第7卷）》，北京：法律出版社，2003年版，第116页。

② 马长山：《国家、市民社会与法治》，北京：商务印书馆，2005年版，第178页。

（三）现实需求——全球性问题的凸现、国家和政府间组织的缺位、市场的失灵

近年来，随着经济全球化的发展和信息技术的进步，世界经济、政治现存的体制已经不能很好的发挥作用，如信息的跨国流动、贸易和金融、最不发达国家的生态环境保护、贫富分化…这些问题需要全球合作才能妥善解决。各国都在致力于解决全球性问题方面，组成大大小小的政府组织，达成许多框架协议，但是在环境保护、人权、扶贫等问题上还是进展缓慢。“以各国政府为基本大单位的联合国体系，在解决跨国性和全球性问题以及在解决小范围或区域性的各种问题时都暴露出其局限性。”[①]而非政府组织恰好可以弥补这种局限性和滞后性，为全球性问题的妥善解决提供另一种框架，开辟另一种路径。

国家和政府间组织的缺位体现在：政府性的服务具有公共产品性质，但各国各民族在经济发展水平、宗教信仰、种族背景、地域差异、资源禀赋等方面的差异性，导致对政府性服务产生异质需求，因此就无法满足每一个社会群体的需求。因而“第三者政府”应运而生，它强调由非政府组织来提供公共服务，以排除政府作为独立经济人谋取自身利益的倾向。[②] 非政府组织可以更好地协调利益关系，以民间的视角来审视和关怀社会弱势群体，弥补国家和政府间组织的缺位。在国际舞台上发表的声音，一般都是经过了“政府过滤”，在代表公众意见方面是不全面的，而非政府组织的参与可以使这些被过滤掉的声音得以反映，将公民的真实意愿和声音反映出来。

市场失灵是市场机制出现自身无法克服的弊病，而政府在发挥资源配置作用时，对市场带来的失控也无能为力。在国际市场上，充斥着信息不对称、行业垄断、不公平竞争等诸多问题，

---

① 李艳：“全球治理对非政府组织需求动因的分析”，《临沂师范学院学报》，2004 年第 4 期，第 30 页。

② 俞毅、范悦诚：“论 NGO 对国际贸易的作用及相关对策”，《经济纵横》，2004 年第 12 期，第 4 页。

因此需要一种能够协调各方利益的组织，而非政府组织恰恰迎合了这种需求。它可以给市场主体充当信息提供者、对不合理行业垄断提出最严厉谴责、为弱势竞争主体提供支持。因此，非政府组织在市场失灵时也是可以有所作为的。[①]

（四）科技支持——网络平台成就了全球范围内畅通无阻地交流

现代科技革命开创了全球化、信息化、数字化的新局面，特别是计算机网络，为非政府组织提供了一个联络沟通的桥梁。甚至不少非政府组织其本身就是一个网络组织，它通过网络发布信息、揭露内幕、联络分布全球的成员、获得其他团体的同情和支持等等。一方面，网络平台是一些非政府组织的办公工具，通过网络收集并公布相关信息，表达自己的宗旨目的，号召并引起公众的注意，获取社会的捐赠及志愿者支持。另一方面，非政府组织利用网络，将自己代表的意愿，与国家或政府间组织进行交流，并通过对话等努力形成合作。网络平台的便利，消除了世界地域的局限，加强了工作的效率，增强了对话，扩展了非政府组织在世界范围内的影响力。

第三节　非政府组织在当前国际格局中的积极影响和负面作用

一、非政府组织在当前国际格局中的积极影响

当今国际关系主要是大国间关系，国际格局主要是大国间

① 参见刘银喜：“非政府组织：资源配置领域的制度创新——析非政府组织对市场缺陷和非市场缺陷的补充”，《内蒙古社会科学》，2002 年第 3 期，第 19 页。

互相博弈的政治格局,“国际格局反映出国家尤其是主权国家在政治上的相互联系和相互关系。”[①]肯尼斯·沃尔兹曾经指出:“国际结构,是根据一个时代的基本政治单元来界定的,不论这些单元是城邦国家、帝国还是民族国家。结构产生于国家的共存局面。”[②]他还提出:“只要大国是主要的行为主体,国际政治的结构就根据它们来定义。”[③]国际格局“主要指在某一个历史时期内国际战略力量之间的相互作用从而形成的一种战略态势和结构,它以国家实力为依托,反映的是国家在国际社会中为追求国家利益而展开的冲突与合作关系”。[④] 但是,当代国际格局中大国之间的关系因为非政府组织的存在而发生了巨大的变化,当代的国际格局由此而显示出与传统的国际格局截然不同的面貌。[⑤] 具体表现为非政府组织在当今国际格局中的各个领域中的活跃态势,对国际事务的影响与日俱增。非政府组织以其“高于个人、低于国家却又跨越国家边界范畴”[⑥]的发挥着影响,扮演着多重角色:日程设定者、谈判者、顾问、专家、压力集团、审计者和监督者。[⑦]

尽管不同的非政府组织在从形式到内容等各个方面存在着巨大的差异,但是作为一种公认的事实,非政府组织可以看做是社会的“改良剂”。近年来,非政府组织已从各个层面参与到国家以及较有影响力的国际政府间组织的决策过程当中。越来越

① 参见叶江、甘锋:“试论国际非政府组织对当代国际格局演变的影响”,《国际观察》,2007 年第 3 期,第 20 页。

② [美]肯尼斯·沃尔兹著,胡少华、王红缨译:《国际政治理论》,北京:中国人民公安大学出版社,1992 年版,第 107—108 页。

③ 同前注,第 112 页。

④ 刘长敏:《国际关系体系与格局(1618—1945)——理论框架与理论变迁》,北京:世界知识出版社,2002 年版,第 154 页。

⑤ 叶江、甘锋:“试论国际非政府组织对当代国际格局演变的影响”,《国际观察》,2007 年第 3 期,第 20 页。

⑥ 马进:“当前非政府组织活动的特点”,《当代世界》,2003 年第 11 期,第 41 页。

⑦ 有关非政府组织活动范围的论述及例证,可以参阅:Gareth Porter and Janet Welsh Brown, Global Environmental Politics, Boulder: West view Press, 1991, pp. 56—64; Kal Raustiala, States, NGOs, and International Environmental Issues, in International Studies Quarterly, 41(1997); Peter Willets, ed., Pressure. Groups in the Global System, London: Frances Pinter, 1982, chapter 1.

多的非政府组织相信,通过它们能够影响决策,并由此推动与政府决策者合作。[①] 例如,非政府组织与专门条约组织,像《濒危野生动植物种国际贸易公约》(CITES),国际捕鲸委员会(IWC),国际热带木材组织(ITTO)等保持常规性、长期性的工作关系,对它们的工作方针、议事日程、行为目标、政策导向等产生直接和间接的影响。[②]

当前国际关系的一个重要特征是经济的全球化。社会生产力的发展促进了经济的全球化,但目前西方所主张的全球化并非应然意义上的各种价值均衡的经济全球化,而是以西方发达国家为主导的,以实现全球少数利益群体利益为目的经济全球化,面对这一形势,发展中国家明显处于劣势。[③] 在这一点上,非政府组织的作用不容低估,尤其是近年以来,在国际经济合作之中,各种非政府组织在各个层面上体现了它们的作用和影响。光 1987 年一年,发达国家的非政府组织就向发展中国家提供多达 55 亿美元的赠款。[④] 在发展中国家,其本身的非政府组织也在增加活动,扩大它们的影响力,例如孟加拉国,在各政府机构中登记的非政府组织达到 1 万多个。[⑤] 与此同时,发展中国家的非政府组织也在不断增强他们的自主性。而在发展中国家与发达国家间、发展中国家国内的贫富差距问题上,非政府组织也发挥了自身的积极影响。以中国为例,目前农村贫困人口已经从 1978 年的 2.5 亿人减少到了 2000 年的 3000 万人。[⑥] 除了官方

① Bramble and Porter, Non-Governmental Organizations and the Making of US International Environmental Policy, in Hurrell and Kingsbury, ed., The International Politics of the Environment, New-York: Oxford University Press, 1992, pp. 318—320.

② 参见叶江、甘锋:"试论国际非政府组织对当代国际格局演变的影响",《国际观察》,2007 年第 3 期,第 22 页。

③ 梁守德、洪银娴:《国际政治学概论》,北京:中央编译出版社,1994 年版,第 65 页。转引自叶江、甘锋:"试论国际非政府组织对当代国际格局演变的影响",《国际观察》,2007 年第 3 期,第 21 页。

④ 数据参见郭振林:"利用外资与非政府组织",《国际金融探索》,1992 年第 6 期,第 28 页。

⑤ 数据参见郭振林:"利用外资与非政府组织",《国际金融探索》,1992 年第 6 期,第 28 页。

⑥ 数据来源中华人民共和国国家计划生育委员会网站,地址:http://www.chinapop.gov.cn/rklt/lltt/200405/t20040528_140202.htm,(2008 年 10 月 2 日登陆)。

所进行的扶贫工作之外,工作更有效率、方式更加灵活的非政府组织,像中国扶贫基金会等就在消灭贫困的过程中起到了不容忽视的作用。

在慈善事业方面,非政府组织的各种志愿者服务、援救服务等也在全球范围蓬勃开展,产生了巨大影响和社会效益。据联合国卫生组织称,2000 年一年之内有大约 1 000 万志愿者为大约 5.5 亿儿童注射了脊髓灰质炎疫苗。如果没有这些志愿者,该计划将耗资高达 100 亿美元,而这样的巨大支出,是无论联合国还是世界卫生组织,乃至联合国儿童基金会都无力承担。为此,为了表彰那些牺牲自己时间帮助他人的数以百万计的志愿者,并鼓励更多的人参加志愿者活动,联合国确定 2001 年为国际志愿者年。①

总之,在当今国际格局中,作为跨国市民社会代表的非政府组织,其身影已经延伸到人类社会生活中的各个领域,成为国际社会中不能忽略的一支重要力量。

二、非政府组织在国际间活动中的负面因素

非政府组织在当前国际格局中的活跃态势,反映了市民社会因素对国际社会的渗透,以及国际格局中的民主化趋势,但事物有其两面性,从另一方面看,非政府组织的活动并非完全趋于完美,无懈可击,其中重要的表现就是对发展中国家的冲击。从历史到现实,非政府组织在反对全球化运动,以及人权、环保等各个领域活动的情况来看,有一些不良倾向不能不引起忧虑。在一些激进甚至带有暴力倾向的理论的引导之下,一些非政府组织目标过于不切实际,行动趋向偏激,甚至极端化,常常引发错综复杂的矛盾,甚至给一国的政局稳定乃至国家间关系带来

① 1997 年 11 月 20 日,第 52 届联合国大会通过了 123 个国家提交的 52/17 号提案,决定把 2001 年确定为国际志愿者年。

不必要的麻烦和冲突，在一定程度上增加了国际关系中的复杂因素。[①] 一些非政府组织喜欢对一国的政府外交决策施加压力，也使一国的对外形势复杂化。

在政治上，部分西方发达国家政府，把非政府组织作为向发展中国家输出其价值观及各种政治主张的有效武器。[②] 这样，不用负干涉别国内政之名，却行干涉别国内政之实。在文化上，西方非政府组织往往配合其政府，利用对发展中国家文化领域的援助，进行文化渗透和文化侵略。

一些国家的经验教训表明，部分地区内的一些极端民族分裂势力、极端宗教分裂势力最初都是以非政府组织的面目出现，以民间组织的形式进行所谓合法活动，而后逐渐演变为恐怖组织的。

非政府组织的一些与生俱来的缺陷也给其在国际间活动中积极的一面带来影响。很多非政府组织缺乏推行其主张的物质能力，需要仰仗一些国家的政府或政府机构的财力甚至全方位的支持，在这种情况，很难保证其还有自己的独立主张。从非政府组织发展的现实情况看，西方发达国家的非政府组织具有比较悠久的发展历史，无论是数量还是规模，乃至影响力都远远超过发展中国家的非政府组织。因此，在非政府组织本身领域内的南北差异难以避免，彼此之间的对话自然就难以平等。[③]

现实中，尽管我们看到了有发展中国家政府与一些非政府组织成功合作的先例，但对于大部分为数众多的发展中国家来说，在处理与非政府组织的关系方面，如何做好发挥其有益价值与维护本国主权及国家安全之间的平衡，仍然是个重大的课题。

---

① Robert Keohane, International Institutions and State Powe, Boulder: Westview Press, 1989, p. 3.

② 参见叶江、谈谭："试论国际制度的合法性及其缺陷"，《世界经济与政治》，2005 年第 12 期，第 42—49 页。

③ 刘长敏：《国际关系体系与格局（1618—1945）——理论框架与理论变迁》，北京：世界知识出版社，2002 年版，第 102—103 页。

第二章　非政府组织参与 WTO 多边贸易体制的源与流

限于篇幅和本书主题的限制，本书把对非政府组织参与国际事务的讨论限制在非政府组织参与国际事务的一个重要方面，即非政府组织对 WTO 多边贸易体制的参与问题，探讨非政府组织与 WTO 多边贸易体制的应然关系，在多边贸易体制中应该扮演一个什么样的角色以及如何更好地扮演一个适当的角色问题。由此有必要先梳理非政府组织在历史上和 WTO 多边贸易体制几十年的关系演变，重点是审视 WTO 成立以来，有关 WTO 框架下与非政府组织关系的规定以及在实践中非政府组织参与 WTO 多边贸易体制的历程，从中分析非政府组织参与 WTO 多边贸易体制的必然性。

第一节　非政府组织与前 WTO 多边贸易体制关系的历史

一、非政府组织与国际贸易组织(ITO)

二战结束后，西方发达国家在劳工权利、消费者权益、环境保护等领域的国际规则制定和执行过程中开始更加注意聆听市民社会的意见，因为贸易与上述问题具有纵横丛生性，近年来作为跨国社会利益代表的非政府组织也积极的要求一定程度的参与全球贸易治理。非政府组织的参与有利于更好的实现国际间问题的全球综合治理，加强国际社会各成员之间的协作与对话。

国际贸易组织（ITO）是世界贸易组织（WTO）和关贸总协定（GATT）的前身。虽然由于种种原因 ITO 没有正式宣布成立过，但由于两者的历史传承关系，加之功能又极其相似，因而了解非政府组织在 ITO 中的作用对于我们研究其在 WTO 体制中的地位有重要的指导意义。在国际贸易组织（International Trade Organization，下称 ITO）筹建初期，非政府组织就试图对 ITO 宪章的起草施加一定的影响。首先，非政府组织通过直接参加哈瓦那会议的协商过程，促成了非政府组织参与条款直接进入 ITO 宪章。[①] 根据 ITO 宪章第 87 条第 2 款的规定，ITO 可以作出适当的安排与非政府组织就宪章范围内有关事项进行咨询和合作。根据宪章附件的规定，根据宪章建立的委员会有责任"与非政府组织协商后，准备向第一次常会提交关于如何执行宪章条款，包括与非政府组织咨询合作的条款的建议。"[②]其次，非政府组织间接性的通过影响参加 ITO 谈判的国家，令非政府组织的主张能够在 ITO 谈判中得到体现。以对 ITO 的筹建发挥最显著作用的美国为例：在 ITO 谈判过程中，美国政府就多次应非政府组织的要求，以听审会的形式向包括非政府组织在内的美国公众征求有关意见，修正谈判思路。

在非政府组织与 ITO、GATT、WTO 关系的历史上，非政府组织成功进入哈瓦那宪章具有里程碑式的意义。因为这既是非政府组织亲自参与国际贸易治理权争取获得的第一次胜利，也是

① William Diebold Jr. ed. The End of the ITO, in Essays in International Finance. International Finance Section of the Department of Economics and Social Institutions in Princeton University, vol. 16. Oct. 1952.

② Robert F. Housman, Democratizing International Trade Decision-making, Cornell International Law Journal, Vol. 27, 1994. p673.

主权国家对非政府组织在国际贸易中的地位予以认同的开始。此后,在联合国贸易与就业大会上,非政府组织参与建议条款未遭到任何批评,只是稍作修改就被列入了正式条款。

美国起初提议的《哈瓦那宪章》第 71 条"与其他组织的关系",第 3 段规定,"该组织可以就其能力范围内的事项与非政府组织的磋商与合作作出适当安排,可以邀请他们承担特定的工作。"在此后伦敦会议和纽约成功湖起草委员会会议上,该条也未被修改,其序列号由第 71 条变为第 81 条仅仅是因为其它一些条文的增加。后来在日内瓦会议上,出于美国方面的提议而将后一句删除,其序列号也因规则数目的增加而变更为《日内瓦草案》第 84 条。《草案》第 84 条规定:"该组织可以就宪章范围内的事项与非政府组织的磋商与合作作出适当的安排(The organization may make suitable arrangement for consultation with non-government organizations concerned within the scope of this matter)"。这一条文,也就是后来的《哈瓦那宪章》第 87 条第 2 款的条文内容。这说明早在 GATT1947 缔结时,相关缔约方就已经预见到了非政府组织将会在未来 ITO 体系中起到非常瞩目的作用。①

针对上述《宪章》第 87 条,ITO 临时委员会(ICITO)秘书处向执行小组提出很多具体实施细则的建议。包括:1. 像联合国经社理事会(ECOSOC)这样的审议机构中与非政府组织有关的程序并不一定适合于 ITO;②联合国经社理事会的程序对贸易领域中的非政府组织分类过于严苛,按照这样的分类意味着将不

① Charmovitz . S and Wickham J. Non-government Organization and the Original International Trade Regime, Journal of World Trade, Vol129N 5. Oct 1995, pp111—122.

② 参见前文。取得联合国经社理事会咨商地位的非政府组织按其活动性质与范围,以及经社理事会或其辅助机关对其所能提供协助的预期程度而分为以下三种类型:1. 一般咨商地位;2. 特别咨商地位;3. 列入名册。上述三种咨商地位不同的非政府组织参与咨商活动的范围与能力不同。这三类组织都可以参与经社理事会召集的国际会议的咨商活动,都可以向所出席的会议书面陈述意见,但都无表决权,原则上也都不参与联合国其他主要机构的工作。第一、二类组织可以派出全权代表,作为观察员参与经社理事会及其下属机构的公开会议。但只有第一类组织可对经社理事会及其辅助机关的议程提出建议,并在会上发言。

同的非政府组织的声誉分成不同的档次，会导致对它们的重要性错误地做出评价，建议 ITO 采取更有弹性的分类办法。2. 第一届 ITO 大会应明文规定："ITO 希望在其业务范围内，最大限度地利用非政府组织在各自领域中的经验"，而且，应由总干事实施这个规定。3. ITO 应该邀请非政府组织列席 ITO 大会。列席的非政府组织"有权建议将自己的提议列入大会议程"，如果建议被采纳，非政府组织还将在大会上发言。4. ITO 总干事必须印发"与非政府组织交流的简报"给 ITO 成员，任何成员方政府都可以得到简报。5. ITO 所有机构，包括总干事都应遵守大会制订的同非政府组织磋商的制度。6. 总干事有权任命由非政府组织代表组成的顾问委员会。但是，秘书处的这些建议在执行委员会讨论中引起了一片反对声。在执行委员会讨论非政府组织的问题时，一些国家如法国对常设顾问委员会的职能表示怀疑，认为该委员会成分的合理性和代表性缺乏保障；澳大利亚代表则认为当务之急乃是理顺 ITO 成员内部的权利义务关系，常设顾问委员会可以在 ITO 正式产生后再成立；还有国家代表提出，选择具有磋商权的非政府组织的权利不应集中在总干事一人身上。由于各成员方对秘书处提议的争议较大，执委会最终决定把非政府组织事务交由其下属的管理委员会处理。但是，由唐金先生领导的管理委员会所提出的报告在实质上仍与秘书处报告的诸多建议不谋而合。例如，从非政府组织的吸收与分类问题上看，管理委员会提议规定将灵活性与以联合国的惯例为基础，再结合 ITO 自身特点相结合操作。在给执委会的报告中，管理委员会建议以先从 ECOSOC 列出的非政府组织名单中的非政府组织为基础，确定顾问委员会的主要成员，然后再在 ECOSOC 名单之外，将一些与 ITO 业务相关并具备相当实力的非政府组织补充到顾问委员会名单之中。管理委员会认为，这一做法有利于 ITO 与联合国政策的一致性。当然，值得注意的是，除了这个比较详细的建议，管理委员会还在报告中阐述了自己的其它观点。比如,ITO 与非政府组织的会外磋商是最能取得成效的合作形式。唐金先生在递交报告时指出,ITO 内部是否建立专门的非政府组织顾问委员会时机尚不成熟,应当视合作经验确定将来建立的安排。

1949 年 3 月,国际贸易组织临时委员会(ICITO)执行秘书处将之前的已有成果综合成国际贸易组织临时委员会(ICITO)的提案文本,正式提交 ITO 第一次大会讨论。提案包括 ITO 与非政府组织关系的一些最终建议:ITO 应充分利用非政府组织在各自专业领域内的知识和经验;应邀请一些有磋商资格的非政府组织与 ITO 进行协商。有磋商身份的非政府组织具有以下职权:有磋商资格的非政府组织应被邀请以观察员身份出席年会;如果其向大会递交提案且被大会讨论,那么与提案有关的非政府组织可以在大会上发言;在某些与非政府组织相关的会议上,会议主席可自行决定是否让有磋商地位的非政府组织的代表发言;有磋商地位的非政府组织应得到能使其发挥有效作用所必须的非机密文件;ITO 总干事有权自行做出决定,是否向成员方派发那些由有磋商地位的非政府组织向提交的文件;任何 ITO 的成员方都可以要求获得有磋商地位的非政府组织提交给 ITO 的文件。

因为 ITO 本身并未成立,秘书处提交的这一报告最终没有付诸实践。种种迹象表明,如果 ITO 成立,秘书处的提议很可能在 ITO 的第一次会议上被采纳,①因为从筹备 ITO 成立的一系列文件和磋商过程可以看出,非政府组织的信息和专业技术提供功能已经在谈判各方中取得了较大的共识。遗憾的是,随着 ITO 计划的破产,非政府组织正式在国际贸易领域被赋予咨询地位的努力和阶段性成果也统统付之东流。当除关税以外的全球治理计划终止,仅仅 GATT 被临时适用以后,非政府组织也几乎被完全地排除在贸易治理之外了。

① 刘锟:“非政府组织在 WTO 机制中的角色问题研究”,苏州大学 2003 届硕士毕业论文。

但是,经过一场 ITO 谈判的洗礼,尽管 GATT 在第 29 条"本协定与哈瓦那宪章的关系"中没有对非政府组织在 GATT 有关活动中的角色问题做出规定,非政府组织参与贸易联盟的优点已经取得了相当程度的认可。ITO 流产后,美国又试图成立一个稍小一些的"贸易合作组织"(OTC)。在筹建 OTC 时,美国提议 OTC 协定第 11(C)条规定该组织"可以就该组织范畴内的事项与非政府组织进行磋商与合作"。但同样遗憾的是,OTC 也未能摆脱 ITO 所遭遇的厄运。

从非政府组织参与 ITO 的历史背景来看,20 世纪 40 至 50 年代,无论是非政府组织本身的发展水平,还是其参与国际社会事务的热切度期望,都远不比今时今日。在国际贸易领域,即便是作为国际贸易的直接受影响者的非政府组织,也没有发出要在全球贸易政策制定中享有独立发言权的声音。但是,从主权国家的角度讲,即便在这样的背景下,ITO 乃至 OTC 对非政府组织所体现出的宽容性却要比 GATT 和 WTO 强得多,这也许是由于当时主权国家对非政府组织具有更强的控制力,也许是由于当时的全球贸易战不如今日之激烈,但无论如何,这对非政府组织或者市民社会的发展都起到了积极的作用。

二、非政府组织与关贸总协定(GATT)

如前所述,ITO 早期的谈判力图建立非政府组织和 ITO 的系统性合作,并取得了一定的阶段性成果,但作为 ITO 的继承者,GATT 中却没有反映出这一点。GATT 将参与权利严格地限制在成员方范围内,拒绝像 ITO 设想的那样,给予非政府组织一定的参与权利,非政府组织只能以在参与谈判的主权国家内部制造影响的方式,间接影响 GATT 谈判进程。

全球贸易体制下的谈判与任何国际谈判一样,虽然名义上是以国家作为谈判的主要对象,但各轮谈判的实质推动力量均是国家内下的私人利益集团，包括私人结社形成的非政府组织。对发动乌拉圭回合谈判起到重要作用的力量就包括诸如世界经济论坛、国际商会以及欧美国家商会之类的许多商业组织。例如，20 世纪 70 年代末，在美国运通和美国国际集团的引导下，美国的一小部分企业为了利用多边贸易体制规制跨国投资行为，首次使用了“服务贸易”的称呼，将一些传统的投资行为作为一种贸易方式。发端于斯的关于“服务贸易”的努力最终促成了乌拉圭回合中《服务贸易协定》的达成以及其中对于以“商业存在”形式存在的服务贸易壁垒的减少。①

在 GATT 体制下，非政府组织及个人只能通过游说国内政府和相关利益集团的方式对 GATT 规则产生影响，而不能直接参与 GATT 谈判。在 GATT 历史上，仅有个别非政府组织，如国际商会，曾直接被 GATT 咨询意见。例如，1960 年，GATT 设立了专门委员会研究市场扰乱问题，并授权该委员会“号召所有的专家，无论是政府间组织还是非政府组织，以及寻求国际劳工组织的合作”。② 又如，在肯尼迪回合的谈判中，成员方邀请了国际商会的代表对其中三项决议发表自己的意见。③ 但国际商会的举动并不意味着非政府组织有权参与 GATT 下协商和谈判。恰恰相反，随后 GATT 秘书处对非政府组织的个别参与活动便作出了注释，暗示 GATT 中未形成任何非政府组织作为观察员参与 GATT 工作组会议的先例。该注释的性质可以视为秘书处对国际商会等非政府组织在 GATT 发展谈判进程中的多个回合中“个别参与”事实的明确定性。

---

① Serdar Altay, Ideas, Private Sectors and Regime Creation After US Hegemony: The Case of General Agreement on Trade in Service, 参见 http://www.bisa.ac.uk/2006/pps/altay.pdf,(2007 年 8 月 4 日登陆)。

② Kyle Bagwell& Robert W. Staiger, The WTO as a Mechanism for Securing Market Access Property Rights: Implications for Global Labor and Environmental Issues, J. Econ. Perspectives, Vol. 15 (3), 2001, at 69, 72, 77—78.

③ Maura Blue Jeffords, Turning the Protester into a Partner for Development: The Need for Effective Consultation between the WTO and NGO, Brooklyn Journal of International Law, Vol. 28, 2003. p. 942.

与 GATT 全球贸易治理实践相反的是,理论界对非政府组织与全球贸易治理的关系发展问题日益关注,并有不少学者对非政府组织为主的市民社会在全球贸易治理中可能发挥的作用以及应享有的权利进行深入研究,并主张 GATT 与非政府组织应积极展开合作,尤其是以全球贸易治理的民主性和透明性为研究路径的学者,已经对赋予非政府组织有关参与权的合理性及可行性的问题有了大量的研究。从国际经济法学研究来看,关贸总协定与世界贸易组织之父——约翰·杰克逊也曾主张在全球贸易治理机制中,应当允许非政府组织直接参与治理。因此,在他 1969 年出版的《世界贸易和 GATT 法》一书中,他专章论述了“市民与 GATT 义务”。他认为:“根据传统的国际法理论……市民通常只能通过本国政府向 GATT 提交建议,当市民受到他方所作出的与 GATT 不符行为的伤害时,也只有通过这种方式寻求救济。在未来适当的时候,有关体制安排应给予私人在国际经济事务中被听审的权利”。[①] 现在看来,与 GATT 的实际做法相比,杰克逊的这一主张也许是多边贸易体系处理市民社会声音的更合理方法。GATT 实施以来,与 GATT 发展完善相对应的,是非政府组织也日益表现出的对贸易领域相关问题的参与意识,他们不断的游说各国政府和政府间组织,希望被授予咨询资格。尤其是当乌拉圭回合的谈判将传统国际贸易范畴扩大到了非政府组织最为关注的农业、可持续发展、食品卫生等诸多议题的时候,非政府组织希望更直接地在多边贸易谈判中发挥作用,直接向多边贸易组织提出自己见解的愿望更为强烈了。此外,在人类社会的发展推动贸易与环境、人权、食品安全等问题紧密联系的同时,非政府组织直接参与全球贸易政策制定的现实机会也逐渐呈现,这就进一步刺激了非政府组织争取在多边贸易政策制定过程中的直接陈诉权的活动。80 年代末,

① John H. Jackson. World Trade and the Law of GATT. Bobbs-Merrill Company, 1969. pp. 444—457.

乌拉圭回合谈判进入高潮,正是非政府组织密切关注的农业、发展和食品安全等问题的多边贸易政策谈判的高潮时期,当非政府组织发现自己根本无法向谈判者直接提交意见时,不满和失望的情绪日益积累,最终在布鲁塞尔召开的部长级会议上,一些非政府组织采取了宣泄不满的过激行为,他们组织起来,包围谈判会场,批评正在进行的回合谈判是"GATT 灾难"。[①]

进入 20 世纪 90 年代以后,环境和可持续发展在全球治理中的地位的进一步上升,使其成为了非政府组织争取 GATT 下意见表达权的主要依据。比如,WTO 争端解决机构在金枪鱼——海豚案中的态度,就激发了西方关注环保与可持续发展的非政府组织的强烈抗议,从而促使多边贸易组织更为审慎地看待 GATT 规则对贸易和环境的影响。非政府组织经过多年的发展壮大,组织与活动经验日益丰富,通过各种途径施加自己影响的力量与日俱增。在这一背景下,再次启动的组建多边贸易组织谈判又一次对非政府组织的咨询地位要求予以了关注。在组建多边贸易组织(后改为世界贸易组织)的草案文件中包含了这一条款:授权作出适当的安排,就多边贸易组织下的事项与非政府组织咨询和合作。不难看出,该条款实际上就是 ITO 宪章中有关条款的摘录,也就是后来的《马拉喀什协定》第 5 条第 2 款的前身。

为了获得在 WTO 中的咨询地位,非政府组织在这场建立多边贸易组织的谈判末期,将非政府组织参与权的讨论推向高潮。"环境捐助者组织"及"生物多样性咨询小组"编制的指导规则严厉的批评"GATT 决策排除市民的意见和参与"。[②] 在 1993 年到 1994 年期间起草《贸易和可持续发展的温尼伯原则》草案的

---

① John Croome, Reshaping the World Trading System, Geneva: WTO, 1995, p. 276. 原文为"GATT-astrophe",模仿"cat-astrophe"的英语单词合成模式,构成灾难的意思,指 GATT 背叛了人们的利益,成为跨国公司扩张利润的工具。参见王燕:"WTO 框架下非贸易价值理念研究",《国际经贸探索》,2007 年第 7 期,第 44—45 页。

② Thomas A. Wathen, a Guide to Trade and the Environment. New York: Environmental Grantmakers Association, 1992. p. 25.

专家小组则在草案中将“GATT 专家组应该接受非政府组织提交的意见书”列为一项原则。[①]

最终,非政府组织在新的多边贸易组织 WTO 中取得了参与全球贸易治理的部分权利。但是,面对非政府组织参与贸易体制的要求,WTO 成员方仍然担心非政府组织过多的参与将改变国家对国际贸易谈判的控制能力,并改变 GATT 作为国家和地区之间达成的协定的性质。这一担心在 WTO 内部是有一定市场的,因此非政府组织在 WTO 多边贸易体制中参与权的完善与发展始终步履维艰。[②] 究其根本,仍是不同成员方的利益冲突问题:部分非政府组织分布较集中的发达国家和地区成员方赞同在贸易体制中给予非政府组织一定的发言权;而多数成员方,尤其是发展中国家担心非政府组织的参与使贸易规则制定的话语权进一步向发达国家转移,对此持抵制态度。[③]

第二节　非政府组织参与 WTO 多边贸易体制的实然性

一、WTO 框架下有关非政府组织的规定

WTO 成立以后,确立了与非政府组织的关系和合作的总体原则和框架,并在实践中做了相应的制度安排。《建立世界贸易组织马拉喀什协定》第 5.2 条作出了与哈瓦那宪章第 87.2 条类似的规定:“总理事会可就(may)与涉及 WTO 有关事项的非政府组织进行磋商和合作作出适当安排。”该协定还对非政府组织

① International Institute for Sustainable Development, Trade and Sustainable Development Principles 30—31(1994). 参加:http://www. iisd. org/sd/principle. asp,(2009 年 12 月 2 日登陆).

② 杨蕾:“国际非政府组织对 WTO 的参与及影响”,外交学院 2004 级硕士生毕业论文。

③ 刘新宇:“非政府组织与世界贸易组织关系之探讨”,参见:中国法律网,http://www. chinalawlib. com/s91591662. html? q = 非政府组织,(2007 年 6 月 12 日登陆)。

和政府间组织作了区分，要求总理事会应就(should)职责上同WTO有关的政府间组织进行有效合作作出适当安排。从措辞中不难看出，对于与非政府组织就涉及WTO事项的磋商和合作的安排总理事会是具有自由裁量权的，即：与非政府组织磋商和合作并非义务，而是权力，总理事会有选择做或不做的权力。同时WTO还在技术性贸易壁垒协定和实施卫生与植物卫生协定中，通过为非政府组织设定义务将非政府组织涵盖于其范围之内。在技术性贸易壁垒协定中，要求成员方确保非政府组织、中央或国家政府、地方政府在标准的制定和监管方面承担相同的义务。该协定的附件一将非政府机构定义为"中央政府机构和地方政府机构以外的机构，包括有执行技术法规的法定权力的非政府机构。"在《实施动植物卫生检疫措施的协议》(SPS协议)中也有类似的规定，要求成员方确保非政府组织对该协定的遵守。诚然第5.2条赋予总理事会的是自由选择的权力，但是综合以上WTO协定相关规定，还是可以得出这样一个结论：这些协定中有关非政府组织的规定以及义务的设定为非政府组织与WTO的有效磋商提供了支持和依据，而且与非政府组织的磋商和合作对于WTO协定的实施也是非常有必要的。

然而WTO一贯强调其作为政府间组织的性质，并认为与非政府组织的磋商应从属于成员的自由裁量。这一根深蒂固的观念直接危及到WTO与非政府组织间关系的改善。随着非政府组织参与的呼声不断高涨，WTO不得不作出回应。为进一步明确《建立世界贸易组织马拉喀什协定》第5.2条的规定，也为即将举行的新加坡部长会议做准备，1996年7月18日，WTO总理事会通过第WT/L/162号决定，即《与非政府组织关系安排的指导原则》(Guidelines for Arrangement on Relations with NGOS)，这个文件确立了与非政府组织合作的基本框架：1. 重申了遵循《建立世界贸易组织的协定》第5.2条所确立的基本原则；2. 各成员方认识到非政府组织能起到增进公众对WTO相关活动的认知程度的作用,因而各成员方愿意提高 WTO 的透明度并发展同非政府组织之间的交流;3. 为了达到更具透明度的目的,必须保证非政府组织获得更多有关 WTO 活动的信息,特别是比过去更快的取消对获取有关这些活动信息的文件限制,为此,秘书处将使相关资料(包括已经取消限制的文件)在互联网上公布;4. WTO 秘书处应积极的采用各种方式,发展同非政府组织的直接联系;5. 如果 WTO 各理事会或委员会的主席参加同非政府组织的讨论会或其他会议,他应以个人名义参加,除非该理事会或委员会作出其他的特别决定;6. 各成员方重申 WTO 是一个对其成员方的有关权利和义务具有法定拘束力的条约和政府间组织,因此,各成员方认为非政府组织不可能直接参与 WTO 的工作或其他会议。

《指导原则》对非政府组织在 WTO 中的积极作用予以了肯定,声明 WTO 应进一步促进与非政府组织的合作,加强 WTO 的透明度,并通过举行专门座谈会、提出意见报告等形式促进与非政府组织更紧密的联系,秘书处在这方面还应发挥更积极的作用。《指导原则》还规定 WTO 理事会成员、WTO 主席可以个人名义参与非政府组织会议。与此同时,WTO 仍不忘在指导原则中强调其政府间组织的性质,这无疑阻碍了非政府组织对 WTO 的参与。实则,该《指导原则》的通过并未使“马拉喀什协定”第 6 条得到真正地贯彻落实,一方面,它不但把成员方从非政府组织的参与中孤立出来;另一方面,在“马拉喀什协定”中规定,与非政府组织的磋商是由总理事会负责,而在《指导原则》中却降格成为了秘书处职责,不免给人以“明升暗降”的感觉。①

在加强与非政府组织信息交流方面,WTO 也做出了相关的制度安排。总理事会 1996 年 7 月通过了《关于 WTO 文件的传播和解除限制的程序》(Procedures for the circulation and Dere-

① 严蓉:“非政府组织与 WTO 有效磋商之探讨”,《贵州警官职业学院学报》,2005 年第 3 期,第 43 页。

striction of Documents)的决议。1998 年 7 月总干事鲁杰罗宣布了一项增强与非政府组织合作的计划。从 1998 年秋开始,WTO 的官方网站上设立了非政府组织的相关栏目。从中我们可以看出,WTO 框架下有关非政府组织的规定与非政府组织参与 WTO 多边贸易体制的实践是互为因果彼此促进的两个方面。

二、非政府组织参与 WTO 多边贸易体制的具体实践

20 世纪 90 年代以来,各种非政府组织对 GATT/WTO 的关注一直是热情不减,也产生了一定的影响。非政府组织参与 WTO 多边贸易体制的方式主要有两种:参加部长级会议以及参与争端解决机制(DSU)。

(一)参加部长级会议

在历次的部长级会议上,WTO 秘书处拟定了非政府组织参与各次部长级会议的具体申请和登记程序,并为非政府组织的代表提供了一些便利措施,诸如办公场所等。在几次 WTO 部长级会议中,符合秘书处设定的条件的非政府组织大都派代表参与了部长级会议的活动。

新加坡部长级会议是首次有非政府组织参加的部长级会议,有 159 个非政府组织申请参加,实际有 108 个派代表来到新加坡,他们代表各个利益团体在会议期间阐述了自己的主张,取得了良好的开头。

日内瓦部长级会议召开时,有 152 个非政府组织申请参加,实际有 28 个非政府组织派代表参加。这次会议和新加坡不同的是:非政府组织参加了由 WTO 秘书处主持的日常简报发布会;会场之外游行示威不断。但总地说来,日内瓦会议还是取得了一定的成果,非政府组织初步树立了自己的形象,阐述了他们的诉求。

西雅图部长级会议有超过 700 多个非政府组织取得参加会议的资格。本次部长会议会场之外的示威抗议比日内瓦时更加激烈,代表环保、劳工和人权等各种利益的非政府组织举行了大型的游行示威,局部甚至出现了暴力破坏行为。这种强烈的抗议方式最终使拟议中的新一轮多边贸易谈判宣告流产。从某一方面讲,这也是非政府组织发挥作用的一次体现。

举世瞩目的多哈第四次部长级会议于 2001 年 11 月举行。与前三次不同的是,在这次会议上,WTO 秘书处安排了一系列的有关非政府组织的活动计划。[①]

在已经举行的几次部长会议上,WTO 有关官员都强调了非政府组织参与会议的重要意义,西方发达国家一些领导人也公开表态支持 WTO 多边贸易体制与非政府组织之间建立更加密切的关系。虽然出现过分歧和冲突,但是从总体的趋势上看,WTO 逐步放宽参加会议的资格及条件,为参加的非政府组织提供参会的各种便利措施,以及非政府组织的积极参与并发挥积极作用,树立自己的影响力是主要方面。

(二)非政府组织以"法庭之友"名义参与 WTO 多边贸易体制争端解决的历程

乌拉圭回合产生的《关于争端解决规则和程序的谅解》(DSU,以下简称《谅解》),经过对 GATT 争端解决的改造,成为了当今最为完善的国家间经贸纠纷解决机制。[②] 有"WTO 皇冠

① 具体包括了:(1)日常非政府组织简报会,秘书处为已经登记的非政府组织举行一天一次或两次的有关大会会议进程的工作简报发布会,这些简报发布会将由一些想同非政府组织交流的成员方的部长或官员来主持。(2)特定问题的非政府组织简报会,有关一些特定问题的简报也将由总干事或秘书处官员集中向登记的非政府组织发布,相关问题的确定取决于大会的主持国和非政府组织的兴趣所在;(3)由秘书处组织的讨论会,WTO 秘书处将就非政府组织感兴趣的问题组织讨论会,这些讨论会在非政府组织中心举行,同时面向所有多哈会议的与会者开放。具体可参见翁国民,姚宏敏:《再论非政府组织与 WTO 关系》,载《国际经贸探索》,2004 年第 5 期,第 76 页。

② 赵维田:"论 GATT/WTO 争端解决机制",《法学研究》,1997 年第 3 期,第 57 页。

上的明珠”之称。[①] 它被视为 WTO 最独特的贡献。根据 WTO 报告,在 1995 年 1 月 1 日到 2007 年 4 月 25 日的 12 年多中,WTO 争端解决机构(DSB)共受理协商请求 363 件,DSU 第 21 条第 5 款程序投诉 22 件。在数量上讲,WTO 争端解决机制成绩斐然,大大超过了关贸总协定以及解决国际投资争端中心、国际法院等更早设立的国际裁判机构。[②] 从 DUB 解决的争端涉及的范围来看,争端解决机构受理的贸易纠纷范围几乎涉及 WTO 多边贸易体制的各个领域,对世界范围内的国际贸易均有影响。从争端解决的效果来看,大部分被提交的争端均得到了妥善的解决。WTO 争端解决机制作为一种最有力的法律保障手段,令各成员方之间缔结的 WTO 协定能够得到实际的遵守和实施,在各成员方对协定的规定及实施情况出现争议的时候,争议能够得到积极妥善的处理,从而保护 WTO 机制的顺畅运行。

正是由于 DSB 所作出的判断对直接涉及争议的成员方乃至其他各成员方国内的经济以及相关的产业、贸易政策的重大影响力,一直以来,非政府组织均积极谋求参与 DSU 争端解程序,对争端处理结果发挥影响力。但因为《谅解》并没有对非政府组织参与 DSU 作出明确的规定,实践中非政府组织参与 DSU 程序的努力一直面临着质疑。尽管如此,在 DSU 争端解决实践中,非政府组织实际长期通过递交“法庭之友”意见书这种方式,实现对 WTO 争端解决程序的参与。“法庭之友”的概念源于拉丁文 amicus curiae(法庭的朋友)。根据《布莱克法律词典》的解释,“法庭之友”是指意为“对法院有疑问的事实或法律上

---

① 余敏友、左海聪、黄志雄:《WTO 争端解决机制概论》,上海,上海人民出版社,2001 年版,第 56 页。

② 关贸总协定 48 年共受理了 300 件投诉;联合国国际法院从 1947 年 5 月 22 日受理第一个诉讼案件开始到 2007 年 7 月 27 日 60 多年共受理 136 件案件;解决国际投资争端中心自 1965 年成立到 2006 年底共受理投资纠纷 222 件。参见余敏友:“WTO 争端解决机制 12 年的成就与问题及其对我国的启示”, http://www. gjmy. com/html/maoyilunwen/2008/04/7808. html, (2009 年 2 月 20 日登陆)。

的观点善意地提醒法院注意或向法院报告的人”。[①]“法庭之友”制度存在于一些国内法院及某些国际性法院之中,例如美国法院、国际刑事法院、欧洲审判法院、欧洲人权法院、美洲国家间人权法院等“法庭之友”制度现有的实践来看,其通常体现为对特定案件的事实或法律问题具有专业特长或独到见解的专业人士或组织。“法庭之友”的专业性特点也确实在司法实践中起到了帮助法院加深对争议案件的理解,从而形成更为公正合理的判决的作用。但是,“法庭之友”的这些权利的行驶依附于争端当事方的权利,因为“法庭之友”不能控制或掌握法院应听取的问题,在这方面,最重要的决定权掌握在争端当事方的手中,故而“法庭之友”只能在争端当事方向法院提出问题的范围内影响争端裁判的结果。

对于 DSU 来说,早在其在 WTO 成立后正式受理第一件争端——“美国汽油标准案”之时起,非政府组织就已经开始谋求以“法庭之友”的身份向 WTO 争端解决机构提交意见书,尽管这一意见书在当时并未被专家组采纳。在此后的“欧共体荷尔蒙案”中,专家组也同样拒绝了环境组织提交的意见书。但是,非政府组织并没有放弃参与 WTO 争端解决机制的努力,仍然坚持向争端解决机构提交意见书,并以不懈的努力换来了 WTO 争端解决机构对其意见不同程度的承认和采纳。在 DSB 的一些经典案例中,我们可以看到非政府组织为参与 WTO 争端解决程序所作出努力和收获的轨迹:

1. 专家小组接受“法庭之友”摘要的权利首次得到上诉机构肯定:美国对虾和虾产品的进口限制案。[②]

1998 年 10 月 12 日,上诉机构在对“虾/龟”案的裁决中,肯

① Bryana. Garner, Editor in Chief: Black′s Law Dictionary, Eighth Edition, Thomson West, 2004, p. 93.

② See Panel Repot on the United States-Imprt Prohibitation of Certain Shrimp Product, WT/DS58/R(15 May ,1998);Appellate Body Report on United State-Import Prohibitation of Certain shrimp and Shrimp Products, WT/DS58/AB/R(12 October, 1998).

定了专家小组有权接受未要求提供的非政府组织提交的信息。这一裁决代表着 WTO 争端解决机制向非政府组织开放的第一步。

在 1998 年“虾/龟”案中，两个致力于环境保护的非政府组织向专家组提交了陈述，声称 DSU 第 13 条允许专家组对他们的陈述予以考虑。DSU 第 13 条“获取资料的权利”，授权专家小组“可以从任何有关来源索取资料并可以咨询专家以获得他们对该事项发表的意见。”但是，专家组拒绝考虑这些“法庭之友”陈述，并认为专家组按照 DSU 第 13 条的要求，向有关专家“索取”资料，乃是专家小组考虑非政府组织陈述的必备前提：“在我们看来，接受未要求的非政府来源的信息与 DSU 的有关条款是不相符合的。因此我们通知当事方我们没有打算考虑这些文件。而且，我们注意到，当事方提交他们认为有关的材料是一个惯例，如果现有争端中一方愿意提交这些资料或提交这些资料的一部分作为他们本身提交的信息中的一部分，他们完全可以这样做。如果他们真的这样做的话，对方将有两周时间对这些额外的资料作出答复。”但是，上诉机构的观点却与专家组的论断截然不同，上诉机构认为，‘索取’资料的权利并不等于禁止接受专家组没有要求提交的信息。不管专家组是否要求提交这些信息，专家组有权自由裁量决定是否考虑和接受这些信息。上诉机构还进一步澄清了与专家组决定是否考虑和接受这些信息的自由裁量权有关的一些重要的因素：决定在一个特定的情况下是否需要接受信息和建议，明确收到的信息的可接受性和相关性，决定在何种程度上重视这些信息或建议或者根本不重视这些收到的信息，都属于专家组自由裁量权范围内的事项。随着 DSB 于 1998 年 11 月对这份上诉机构报告的通过，非政府组织以“法庭之友”身份参与争端解决程序的权利也首次得到正式确认。但是，非政府组织经由这次确认而取得的权利并不稳固。2000 年 10 月 12 日，马来西亚不满美国执行 DSB 建议与裁决的措施，再次提起申诉。申诉方马来西亚再次指责专家组和上诉机构在 1998 年“虾/龟”案中，准入和接受未经请求资料的做法。2000 年 11 月 22 日，WTO 总理事会会议上，绝大多数成员认为专家组和上诉机构无权接收或考虑（receive or consider）非经请求的信息。事别经年，曾对 1998 年“虾/龟”案作出过裁断的专家组原班人马在裁断本案时，采取了不同的作法：这一次，专家组回避了是否有权接受和考虑非经请求资料的问题，而是根据双方当事人对于非经请求资料（“amicus curiae” briefs）的意见和处理方式，对非经请求资料的准入性（admissibility）分别作出予以采纳或者拒绝考虑的裁定。审查此案的上诉机构基本仍坚持了前案的解释。

2. 明确了上诉机构有权接受“法庭之友”摘要：美国对产自英国的热轧铅铋炭钢产品征收反补贴税案。①

1992 年 5 月，美国商务部开始对产自英国的热轧铅与协碳钢产品（以下简称“铅与钢产品”）进行反补贴调查，并于 1993 年起开始按上述税率征收反补贴税。而后，美国商务部对此案进行了六次年审，虽然每次确定的反补贴税率高低有所不同，但它坚持认为补贴仍然存在。这种做法引起了欧盟的不满，因此，对于 1995、1996、1997 三次年度复查的结果，欧盟于 1999 年 1 月 14 日诉至 DSB 要求成立专家组进行审查。1999 年 7 月 19 日，专家小组收到了美国钢铁协会（AISI）提交的“法庭之友”摘要。按照 1998 年“虾/龟”案确立的“法庭之友”规则，专家小组有权决定是否接受这一摘要，但问题在于，这一摘要是在争端方提交答辩状的最后期限和在专家小组与争端双方的第二次实质性会晤之后提交的：专家小组认为，由于此时争端方已不能对这

① See Panel Report on United States-Imposition of Countervailing Duties on Certain Hot-Rolled Lead and Bismuth Carbon Steel Products Originating in the United Kingdom, WT/DS138/R(23 December, 1999); Appellate Body Report on United State-Imposition of Countervailing Duties on Certain Hot-Rolled Lead and Bismuth Carbon Steel Products Originating in the United Kingdom, WT/DS138/AB/R (10 May, 2000).

一摘要发表意见，且专家小组根据DSU第12条第1款延迟专家小组程序的做法在本案中也是不适当的，[①]故考虑“法庭之友”此时提交的意见也是不适当的。

但是，在专家小组拒绝了“法庭之友”摘要以后，非政府组织最终还是在本案中发挥了“法庭之友”的作用。这一作用是通过上诉机构对其意见的采纳来实现的。

专家组认定美国违反《反补贴协定》第10条，损害欧共体的利益之后，美国提出上诉。2000年2月7日，上诉机构收到美国钢铁协会和北美特种钢行业署名“法庭之友”摘要的信函。针对上诉程序中提交的两份“法庭之友”摘要，上诉机构认为，上诉机构没有法律意义上的义务接受或审查非WTO成员提供的未经要求的“法庭之友”摘要；但是，“上诉机构具有根据DSU的权限，在上诉中接受和考虑上诉机构所认为相关和有用的(pertinent and useful)‘法庭之友’摘要”。[②] 尽管上诉机构同时表明其在做出决定时不认为有必要考虑本争端中提供的“法庭之友”摘要，非政府组织在上诉审中提交的摘要的权利首次得到了上诉机构的正式承认。上诉机构接受“法庭之友”摘要的法律依据是，DSU第17条第9款赋予了其广泛的权利，它有权考虑此类材料。但是，上诉机构还在该报告中引用了《上诉审查工作程序》第16条第1款：“如果出现本规则没有规定的程序问题，上诉机构可以仅为该上诉案采取适当的程序，只要该程序不违反DSU、其他所涉及相关协定和本规则的规定。”这又似乎在强调，上诉机构接受非政府组织提交的“法庭之友”摘要，并不会成为上诉审中的惯例。

另外值得一提的是，在本案中提交“法庭之友”摘要的非政

---

① See Panel Report on United States-Imposition of Countervailing Duties on Certain Hot-Rolled Lead and Bismuth Carbon Steel Products Originating in the United Kingdom, WT/DS138/R(23 December, 1999); Appellate Body Report on United State-Imposition of Countervailing Duties on Certain Hot-Rolled Lead and Bismuth Carbon Steel Products Originating in the United Kingdom, WT/DS138/AB/R (10 May, 2000).

② DWT/ DS1338/AB / R, 7 June 2000, pare. 39.

府组织并非传统意义上的环保、劳工、人权等具有公益性质的组织，而是具有一定影响力的商业团体。上诉机构的态度将“法庭之友”主体的范围大大扩展了。另一方面，与 1998 年“虾/龟”案不同的是，本案的“法庭之友”摘要是非政府组织直接向 WTO 争端解决机构提交的，而没有借助争端当事方之力。上诉机构与非政府组织的这种直接接触，同样引起了 WTO 成员方激烈的批评。在 2000 年 6 月 7 日的 DSB 会议上，许多成员方都不同程度表达了对该案件上诉机构裁决的不满。尽管如此，“法庭之友”摘要的地位再次被 DSB 上诉机构大大的提升，非政府组织在 WTO 争端解决中的地位和作用也随之大大增强。不管是从提交主体上，还是从提交程序和接受主体上来看，本案均为非政府组织参与 DSB 进程中颜色浓重的一笔。

3. 专家组首次对“法庭之友”摘要的实质内容进行审查：美国版权法 110 (5) 节案。[①]

1998 年 10 月美国国会通过的《音乐作品许可法》对《版权法》第 110 (5) 节做了修改，欧共体称这一修改不符合美国根据《TRIPS 协定》第 9 (1) 条和《伯尔尼公约》第 11 之 2(1) 条及第 11 条(1) 条所承担的义务，于是向争端解决机构提出申诉。在案件审理过程中，美国贸易代表收到一封代表美国作曲家、词作者和出版家协会的律师事务所提交的信件，并将信件副本复制给专家组。美国承认这封信没有提供新的事实，但支持“法庭之友”让专家小组了解他们的看法。欧共体对这封信不作实质评论，但提出专家小组只能考虑“法庭之友”提交材料中的事实，而不应当考虑“法庭之友”提出的观点。专家小组引用了“美国对虾和虾制品的进口限制案”中上诉机构的意见，重申了它的自由裁量权，指出它有权接受“法庭之友”提交的材料，因此本案

① See Panel Report on United States-Section110 (5) of US Copyright Act, WT / DS1b0/R (15 June, 2000).

专家小组不拒绝“法庭之友”提交的材料。但在本案中，律师事务所的信件并没有提供新的事实，而且信件不是直接提交给专家小组，而是由美国贸易代表复制的，专家小组在报告中指出提交和复制的区别，最后以该信件只是重复当事方提交的材料，并无争端当事方提出的信息为由，决定不以其作为推理和材料的基础。在本案中，虽然专家组在作出裁判时并未参考“法庭之友”的意见，但这是专家小组首次对“法庭之友”摘要的实质内容进行审查。对“法庭之友”摘要的争论终于从是否应当接受，转移到了接受以后对案件裁决的影响力问题，这不能不说是一个飞跃。

4.上诉机构第一次通过正式处理“法庭之友”摘要问题的附加程序：欧共体影响石棉及含石棉产品措施案。[①]

在非政府组织是否有权向专家小组和上诉机构提交“法庭之友”摘要的问题得到解决之后，如何提交的问题立刻被提上议事日程。1998年10月8日，加拿大认为法国有关石棉及石棉产品的第96—1133号法令与欧共体所承担的义务不一致，损害了加拿大的利益，提出成立专家组。专家组成立后，收到了四份“法庭之友”摘要。其中一份摘要在第一次会议之前提供，另外三份在第一次会议之后提供，专家组向双方转交了这些材料。欧共体将其中的两份摘要并入其书面陈述中，并请求专家小组拒绝另外两份。加拿大则请求专家小组拒绝所有的“法庭之友”摘要，加拿大陈述“为程序正义起见，争端双方应该有对其内容发表意见的机会”。[②] 在第二次会议后，专家小组又收到第五份摘要，但专家小组决定不予接受而只是复印给争端双方。除自动送交“法庭之友”摘要以外，在本案中，上诉机构第一次

---

① See Panel Report on European Communities-Measures Affecting Asbestos and Asbestos-Containing Products, WT /DS135 /18 September, 2000; Appellate Body Report on European Communities-Measures Affecting Asbestos and Asbestos-Containing Products, WT/ DS135 /AB/R (12 March, 2001).

② WT/DS35/R, April 5, 2001, para. 6. 2.

决定公开从所有有利害关系的渠道索取“法庭之友”摘要。更重要的是,2000 年 10 月 27 日,上诉机构根据 DSU 第 17 条第 9 款[①]的规定和上诉审查工作程序第 16 条第 1 条的规定,专门为此通过了准许提交“法庭之友”摘要的附加程序,规定提交“法庭之友”摘要非政府实体应遵循该附加程序的时限和条件提出申请。上诉机构在该附加程序指出,上诉机构应及时对申请做出决定,但即便如此,也没有讨论摘要中的法律论点的义务。最后,虽然该案的上诉机构均以未足够遵守附加程序第 3 款规定的所有要求为由拒绝了所有的“法庭之友”摘要,但其制定附加程序的举动却引起了绝大部分成员的恐慌和不满。

如上所述,对于《DSU 协定》未作明确规定的,接受未经要求的“法庭之友”摘要问题上,上诉机构表现出比专家小组更大程度上的司法能动性,上诉机构是推动这一问题解决的主要力量。在 DSB 体系中,作为二级审查机关,上诉机构一直保持着比专家小组更多的“司法克制”,它在发展解释条约语言的新观点时更加犹豫,但在“法庭之友”问题上,上诉机构一反其在 WTO 争端解决实践中的常态,表现出了非同寻常的积极性。[②]而作为复审机构,上诉机构的积极态度又反过来对专家小组的态度产生了相应的影响。从上述 WTO 争端解决的实践可以看出,WTO 争端解决机构,尤其是上诉机构,对非政府组织以提交“法庭之友”意见书的方式参与争端解决大体上是支持的,他们在对待“法庭之友”意见书的态度上也越来越灵活、宽容,从而使非政府组织实际上获得了一些参与争端解决的程序性权利。可以想象,非政府组织对 WTO 争端解决的参与将越来越深入,必将发挥更大的作用。

① DSU 第 17 条第 9 款规定:“工作程序应由上诉机构与争端解决机构主席和总干事协商拟定,只能作为资料向各方成员提供。”

② 杨蕾:“国际非政府组织对 WTO 的参与及影响”,外交学院 2004 级硕士生毕业论文。

第三节　非政府组织参与 WTO 多边贸易体制的必然性

一、经济的全球化

在全球化的浪潮下，世界正处于规模宏大的变革潮流之中。各色各样的资源，包括物质资源与精神资源，都在超国界地流动、整合。在而今的“地球村”中，各国在经济、政治、文化等方面的交流与合作日益加深，蝴蝶效应日益凸显。全球化正在加快人类文明的前进步伐，但全球化绝不是包治百病的灵药。恰恰相反，国家关系中本来就存在的种种问题不但没有随着全球化的进程而得到解决，反而衍生出一系列更复杂的新问题。

第一，全球化背景下的霸权主义和强权政治依然存在，并显现出时代新特点。当今世界，传统安全威胁和非传统安全威胁相互交织，局部冲突和热点问题此起彼伏，恐怖主义蔓延的趋势仍未找到有效的遏制手段。尤其是国际事务面临环境污染、艾滋病、毒品走私、恐怖主义、核扩散、宗教冲突等新的问题，如果不解决好这些国际事务的新问题，就会威胁人类的共同安全。面对国际事务的新问题，传统的以单纯依靠国家进行国际事务治理的模式已不足以保证世界的基本安全。全球化使各个主权国家的行为能力越来越受到世界气候的影响和左右，削弱了民族国家的传统权威，模糊了国内和国际事务的坚固边界，出现了权力逐渐分割和不断分散化或碎片化。单一国家已经没有能力根本解决全球性的问题。

其二，新世纪国与国之间的争夺依然激烈，但对立的焦点已经从坚持不同社会制度的对立转移到谋求各自国家利益最大化的对立。作为 20 世纪中叶以来引导国际法发展的一个重要关键词,全球化不但改变了各个主权国家和国际社会对经济、政治、社会问题的决策方式,也实际改变了国与国之间的关系,尤其是传统意义上分处不同阵营的国家。在全球化的影响下,人们对发展的认识也明显转变为“后华盛顿一致”的观念。所谓“华盛顿一致”观念,即以市场自由化和西方民主作为全球经济发展、消除贫穷蓝图的核心的观念;其曾经在西方发达国家长期占据过主流地位。但是,随着全球化的推进,将市民社会作为发展中心,认为强大的市民社会是增长和发展关键的“后华盛顿一致”概念成为新贵。社会资本,即社会网络、规范以及市民团体,同其他资本一样,都构成人类社会发展的重要因素。

在国际社会中,由商业组织、行业工会等市民团体组成的非政府组织也逐渐成为推动国际立法发展的一股不可小觑的力量。跨国市民社会或国际市民社会是以国际非政府组织为主并包括其它非国家行为主体组成的范畴。而今的国际市民社会尚不具有国家和政府间国际组织那样的权利能力和行为能力,但是,它们已经成为了国际经济关系中一支重要的力量,并对国际立法和国际法的执行有着重要影响。更有学者形容:我们正置身于一场全球性的“结社革命”之中,历史证明,这场革命对 20 世纪后期世界的重要性丝毫不亚于民族国家的兴起对 19 世纪后期世界的重要性。因为世界出现了一种全球性的第三部门,这些数量众多的自治的私人组织,既不是致力于分配利润给股东或董事,也不将国家机关追求的公共管理目标放在首位,而是起到与正式的国家机关不同的公益保护作用。全球化对非政府组织为主的跨国市民社会兴起提供了必要的政治、经济和社会环境。某种意义上讲,在国际事务的致力中,非政府组织起到了或者至少应该起到核心的作用。①

从政治层面上讲,政府权力的分散,国内政策控制权的破碎

① 戴维・赫尔德,安东尼・麦克鲁格:《致力全球化:权力、权威与全球治理》,北京:社会科学文献出版社,2004 年版,第 349—350 页。

化是全球化时代的特征之一,并且这一潮流已经不可逆转:首先,国家通过控制货币控制财政的可行性已经随着金融市场的独立性加强和汇率的自我调适力的增强而被削弱了;其次,国家对人员的控制能力也随着生产要素全球性配置要求的增强和人员流动性增强的趋势而被减弱;再次,国家社会保险政策的独立性因大型商业机构追求在低福利成本国家投资造成的竞争而减弱,许多高福利国家的有关政策已经被迫调整;第四,国家对信息的绝对掌控权已经不复存在,私有化和全球化浪潮已经令私人能够以较低的成本快速获得信息,国家与私人的信息不对称情形已经大有改观;最后,国家对对外政策和安全防御等领域的多边主义选择,限制了国家的行为。全球化背景下,以国家、政府为代表的公权力的削弱的同时,私人团体的影响力在不断增强。国际社会活动的主体正在由单一的国家和政府间组织向多元化发展,私人在国际社会中被关注的程度不断提高。西方民主参与的观念广泛传播,使个人具有通过结社,凝聚谈判能量,从而要求国际层面的直接参与权的主观愿望,以及对国际政策的欠民主现状进行改革的热情。而多元化利益社会中的人们对民主以及对国际政策事务参与权的渴求,最终在市民社会对国内或国际事务的参与行动中反映出来。另一方面,全球化时代所带来的市民社会对民主缺陷的更多了解以及对民主的更高追求,造成了一种弥漫于国际社会中的氛围与压力。在这样的外在环境下,各个国际组织开始对机构自身的民主得失进行总结和自省,追求透明与公平的 WTO 当然也不例外。自乌拉主回合后,“与贸易有关者”的概念吸引了世界的目光。非政府组织也在要求直接参与 WTO 在政策制定及争端解决程序的行动中举起了与贸易有关者的旗帜,为 WTO 制度改革带来了更大的外在压力。

从经济层面上来说,全球化促进了全球经济的增长,但全球化并不会天然的促进世界经济增长的均衡性以及经济增长利益分配的公平。而今,大国和小国之间利益分配悬殊,即便是一国以内,不同利益集团在全球化中的得失也不相同。近年来,WTO的规则被批评为仅关注贸易商、生产商的利益,而忽略贸易体制中消费者、劳动者的利益,从而令贸易自由化带来的全球贸易增进加剧了贸易利益分配的不公。并且 WTO 体制下所谓的贸易自由基本上是建立在发达国家利益扩张的前提下的,而凡是发达国家的弱势领域,如农业、纺织业等,均通过贸易限制规则如《农产品协定》、《保障措施协定》、《反倾销反补贴协定》等保护起来,而发展中国家脆弱的市场却通过 WTO 协定的执行而被发达国家占据。因此,以行业工会、消费者利益保护协会为首的非政府组织,尤其是发展中国家的一些纺织业协会、农业协会等集中起来,向 WTO 主张自己应当在 WTO 贸易体制下享有的贸易利益。虽然这些跨国市民社会的抗议行为表面上冲击了全球化的进程,矛头直指全球化,但我们应当看到,他们所反对的绝非全球化带来的经济利益的事实,而是全球化进程中利益分配制度缺失的现状:全球化带来的失业、环境恶化、贫富差距扩大才是反全球化者反对的对象。跨国市民社会的参与制定国际贸易政策要求所集中体现的,正是推翻国际经济贸易旧秩序,建立追求公平贸易的国际贸易新秩序的诉求。

从社会文化的角度,在全球化冲击下,信息交流的规模、范围、方式均与以往大相径庭,曾被国家垄断的治理信息被曝光在市民社会的监督之下,在这一基础上,产生了一种市民社会针对一些国家治理领域的新文化氛围。在贸易已经不存在国界的樊篱的同时,具有共同目标和追求的私人也打破国家之间的界限,形成独立的社群组织,推行自己的价值目标。上世纪中叶以后兴起的大量跨国非政府组织中的大部分,如环境组织、人权组织等,均以保护全球社会公共利益为宗旨。他们引导了一场人文主义的革命。当经济政策在全球化浪潮中被提高到前所未有的高度时,对比之下,至少在国际法领域,政府、国家应当重视的许多社会公共利益和社会道德价值的地位远远不及前者。在这样一些被“慢待”的领域，非政府组织将市民社会的诉求传达给各政治利益集团，或者直接传达给各国政府，以及政府间组织，并通过市民社会造成的压力，使国家、政府制定的国际立法作出相应的回应。从这个角度讲，非政府组织在一定程度上在全球化背景下起到了令人类社会中的各个有益价值均衡发展的作用。例如，国际市民社会意识到了经济的高速发展与生态环境严重恶化之间的因果关系以及此间人类社会发展的成本得失，以保护地球环境为宗旨的非政府组织应运而生，他们长期坚持不懈的努力，以求国际经济组织停止以牺牲人类生态环境为代价换取高速经济增长的目标。这些以人类公共利益为己任的环境组织、工会和人权主义者，正在形成日益强大的国际层面的非政府组织。而这些组织的力量已经在国际舞台上展露。例如，在 1992 年里约热内卢地球峰会上，它们成功地推动了对温室气体排放限制协议的签订；在世界银行 1994 年年会上，它们又迫使世界银行反思世界银行的目标；一味追求跨国公司利益的 OECD《多边投资协定》[①]会在 1998 年胎死腹中，也饱含着非政府组织多年的努力。从某种程度上讲，非政府组织认为自身在保护环境等全球性公共利益问题上是比以自身利益为最终归属的国家、政府更适当的守护者。因此，非政府组织对国际经济和贸易领域的介入，反射出人文主义价值目标与纯粹经济利益价值目标间的文化冲撞。

人们创设 WTO 的初衷在于解决相互依存的国际贸易发展进程中的问题，但随着时代的发展更替，WTO 发挥的作用早已超越贸易领域的协调规制。正处于成长中的市民社会，面对 WTO 管辖领域向非贸易领域的扩张当然不会熟视无睹，当 WTO 体制开始对市民社会关注的基本权益造成侵害时，市民社

① 美国著名学者乔姆斯基（N. Chomsky）称其不仅仅是“投资者权利条约”，更确切地是“（跨国）公司的权利条约”，参见乔姆斯基（Noam Chomsky）：《新自由主义和全球秩序》（Neoliberalism and GlobalOrder），南京：江苏人民出版社，2000 年版，第 114，118 页。

会以非政府组织为载体,向 WTO 发出反对的声音。它们批驳传统国际法理论下政府等同于国家的等式,指责政府在 WTO 中维护的仅仅是国内某些利益集团的利益。代表环境、劳工、消费者、贫困人群等方面权益的非政府组织在贸易全球化进程中,贸易利益正在侵蚀他们所致力于保护的价值,因此,这些非政府组织加入到反全球化的运动之中,为市民社会反对贸易体制创造了动力。非政府组织在西雅图和坎昆部长级会议上发动的暴力抗议便是市民社会对 WTO 施压的最典型体现。它们将 WTO 描述为罪恶并缺乏人文关怀,以损害社会价值的代价来提高公司利益的国际组织。尽管这种评论有些偏激,但反映了被 WTO 政策所忽略的群体的利益。对此,不少学者采取了比较务实的态度,认为 WTO 如果继续对非政府组织的反对行动持我行我素的态度,对自身的进一步发展将会造成更大的负面影响。在全球贸易治理中,以非政府组织为代表的市民社会在国际社会中的能动性不断增强是不可避免的。因此,主流观点认为,尊重强大的市民社会是保持贸易发展的关键因素之一,或者说非政府组织在贸易全球化背景下承担了不可或缺的民主治理的责任。但就目前的情形来看,当全球化浪潮冲破国家和地域的界限,将世界距离拉近,加快信息传递速度,提高市民文化教育水平,并使越来越多的市民认为他们应该直接参与到国际事务当中的同时,并没有给予市民社会足够的直接参与国际事务的权利。目前,市民社会对全球体制介入的主要途径仍然是利益团体网络传导,而不是正式的代表机制。因此,在全球化进程中,增进市民社会对于全球贸易治理的贡献,代表市民社会的非政府组织的自身完善,非政府组织与政府组织的互动关系等问题成为国际法不得不关注的问题。

二、WTO 多边贸易体制管辖范围的扩大

1995 年 1 月 1 日,WTO 以常设组织的形式取代了存续半个

多世纪之久的 GATT 协定,并在 GATT 的基础上扩大了多边贸易体制治理的领域。WTO 规制的范围除了包括传统意义上的货物贸易领域,还通过 GATS 协定、TRIMS 协定、TRIPS 协定等 WTO 协定将服务贸易、投资领域、知识产权领域纳入旗下,此外,在多哈回合的谈判中,WTO 还就竞争、贸易与环境、贸易与发展等议题进行了讨论。可见,WTO 虽负全球贸易组织之名,但它在全球治理中所直接管辖的范围却远远不限于贸易领域。WTO 协定中非贸易规则不断增加的过程,就是 WTO 管辖权扩张的进程。

就 WTO 规则对非贸易领域的影响方式而言,主要有以下三种方式:第一,以缔结"与贸易有关"的 WTO 协定的方式,将与贸易有关的知识产权、投资领域纳入 WTO 的管辖范围。WTO 以此种方式对贸易以外领域进行的干涉,是通过成员方正式谈判缔约完成的,其对 WTO 缔约方的效力具有形式上民主性和正当性。即使这种 WTO 管辖扩张的实质是发展中国家以在知识产权、投资等领域达成的协议换取本国产品进入发达国家市场的妥协结果,这也不失为一种谈判力量和策略的博弈的体现。第二,在消除某些贸易壁垒的同时,WTO 又通过种种"例外条款"、"社会条款",使进口国能以本国环境法、劳动法等国内非贸易法对国际贸易设置另一些壁垒。以 GATT1994 下的第 20 条"一般例外"为例,其中 20(b)、20(g)条规定进口国可以保护人类、动植物生命健康以及本国自然资源、环境为由对产品设置壁垒,20(e)条体现了对人权价值的特殊考虑。按照一般法优于特殊法原理,第 20 条"一般例外"与 WTO 自由贸易政策之间的冲突应以环保政策或人权政策优先的原则解决。在这一点上,WTO 的规定与非政府组织将环保、人权价值置于贸易价值之上的主张取得了一致。第 20 条的"一般例外"正是将非贸易的生态保护和人权保护价值带入 WTO 的一个缩影。但是,近年来发达国家频繁使用"一般例外"条款,以本国的高环保标准作为产品准入的条件,从而实行对发展中国家的贸易限制并向发展中国家强行输出本国的环保、人权标准的做法,使得"一般例外"的实施情况与其制定时保护人类最基本权益的初衷相背离。归根到底,"一般例外"实际实施的目的和归宿还是贸易利益,而不是真正在为环境、人权等权利进行考虑。第三,以 DSB 裁决的方式对 WTO 文本进行扩展性解释,从而以较之正式立法更便利的途径将非贸易领域的价值纳入贸易领域进行规范。[①] 这是引起最广泛争议的 WTO 扩张途径。其争议焦点也正是其扩张权利来源的不合规。如前所述,前两种扩张途径均是以 WTO 规则的明确授权为基础,但对于 DSB 来说,至少在理论上,其并没有对 WTO 管辖权作出任何扩张的权利,恰恰相反,DSB 对 WTO 协定作出的任何不符合立法意图的解释都是不合适的。但实际上,乌拉圭回合达成的 DSU 在争端的管辖、报告的自动通过方面具有强制性的色彩,DSU 对 WTO 这个条约群下的所有实体规则均具有准强制执行的权力。而且,任何条约的措辞都不可能是绝对精确而无异议的,甚至基于各国利益冲突的考虑,缔约者还会在条约的缔结过程中人为地留下一些模糊的空间。在 WTO 规则中充满了"建设性模糊"的情况下,专家小组和上诉机构在解决成员国之间争端时,对 WTO 协定有关规则进行澄清、补充成为了定纷止争的必要前提。根据 DSU 第 3 条的授权,DSB 对 DSU 所列争端有排他的管辖权,并确实负担着澄清异议的责任。但是,显而易见,澄清与扩张具有截然不同的意义。因此,近年来上诉机构在裁决中频频对 WTO 协定进行扩张性解释,演进地解释 WTO 作为贸易组织的宗旨的做法,被指责为侵犯各成员方制定和执行本国社会政策的主权。

由于上述 WTO 管辖领域非贸易扩张的存在,GATT 体制下主权国家对本国除贸易以外的社会政策的控制权实际也已经被

① 王燕:"WTO 框架下非贸易价值理念研究",《国际经贸探索》2007 年第 7 期,第 44—45 页。

WTO 所分享。WTO 已经成为各国争夺“与贸易有关”领域全球治理权的场所。在 WTO 体制下,包括几乎所有主要的国际贸易发生国家,丰富的规则能够得到强有力的执行机制的保障,最重要的是发达国家在机制内部占据明显的优势,因此,对于发达国家来说,扩张 WTO 管辖权的愿望迫切:它们寄望在其他体制下难以推进和执行的非贸易议题能与 WTO 体制下的贸易议题链接,以 WTO 体制加以约束,并获得 WTO 争端解决机制的保障。因此,WTO 时常面临一些各成员方分歧严重的问题,从而导致无论是在 WTO 内部还是外部,对于多边贸易体制应该包含哪些议题各国始终争吵不休。对于 WTO 是否应该继续推进贸易以外的议题,学者们也意见不一。一方面,很多贸易专家,包括戴斯特勒(I. M. Destler),认为社会问题,例如劳工和环境问题,仅仅是 GATT 漫长谈判历程中从关税到配额到服务贸易再到知识产权议题的延伸,因此也应该被纳入到 WTO 体制中去。[①] 古兹曼(Guzman)教授虽然认为 WTO 管辖权的扩张会增加 WTO 的复杂性和控制难度,但如人权、环境、劳工、竞争及知识产权等非贸易议题纳入到 WTO 框架下的全球治理中将有助于各国对贸易利益和其他利益进行平衡,从而防止贸易价值优越性过高。[②] 古兹曼教授还提倡以部门谈判的方式代替现有的大回合谈判。李布朗虽然对 WTO 议题过于广泛持保留意见,认为它不能独立地改善未尽人意的体制间联系,但他指出,这种借入机制(borrowing regime)也不失为次好方案。[③] 另一方面,哥伦比亚大学经济学家贾格迪什・巴沃蒂(Jagdish Bhagwati)认为“贸易相关”议题应被杜绝在贸易体制以外,应该让 WTO 专注于它最擅

① I. M. Destler&Peter J. BalInt, The New Politics of American Trade: Trade, Labor, and the Environment, Washington: Institute for International Economics, 1999, p. 1—3.

② Andrew T. Guzman, Global Governance and the WTO, Harvard International Law Journal, Vol. 45, 2004. p303—323. 古兹曼教授认为可在 WTO 下划分不同子部门,由各子部门协商各个议题。

③ David W. Leebron, The Boundaries of WTO: Linkages, Cornell International Law Journal., Vol. 96, 2002 p. 5, 12.

长的领域——消除贸易壁垒。[①] 资深贸易官员，WTO 前法律事务部秘书罗斯勒(Frieder Roessler)认为贸易相关议题的增加只会削弱贸易秩序以及非贸易价值的实现。[②] 耶鲁法学院丹尼尔·艾斯缇(Daniel Esty)教授主张创建新的国际组织，如全球环境组织来处理新问题，而不是将与贸易并无多大关联的议题统统纳入多边贸易体制。[③] 还有批评者认为，由于 WTO 仍然本质上是个贸易组织，它对传统上被认为是非贸易问题的进军反而会造成贸易关注下非贸易价值忽略。[④] 1999 年西雅图部长级会议的失败就是非政府组织对全球化背景下 WTO 管辖领域不断扩张反对的体现。并且，这也揭示了国际合作及全球治理不可能继续以贸易价值优先为核心。[⑤]

无论 WTO 协定是否应当对广泛的贸易相关社会价值施加影响，任何理论上的争论均无法扭转 WTO 管辖权扩张的发展趋势，WTO 不可能回到乌拉圭回合前的单纯规制货物贸易领域的情形。因此，从务实的角度讲，WTO 管辖领域扩展问题实际上是在 WTO 体制内如何妥善处理贸易与非贸易价值冲突的问题。在 GATT 的时代与体制内容下，贸易自由原则凌驾于所有原则之上的协定宗旨或许可行，但在全球化方兴未艾，国际市民社会正在觉醒的 WTO 时代，WTO 要完成统帅众多非贸易领域的沉重负荷，其仍然奉行单一的贸易之上宗旨显然是行不通的。WTO 在多哈回合的前八轮谈判中，由于忽视环保、劳工等公共利益团体的主张，已经使 WTO 成为一个"为贪婪公司所利用的

---

① Jagdish Bhagwati, What Really Happened in Seattle，参见：http://www.Columbia.edu/jb38/really.pdf，(2006 年 12 月 3 日登陆)。

② Frieder Roessler, Domestic Policy Objectives and the Multilateral Trade Order; Lessons from the Past, in Anne O. Krueger ed., The WTO as an International Institution, University of Chicago Press, and 1998. p. 213.

③ Jeffrey L. Dunoff, Global Trade Issues In the New Millennium: The WTO in Transition: Of Constituents, Competence and Coherence, Geo. Wash. Intl L. Rev. Vol. 33, 2001. p. 985.

④ Andrew T. Guzman, Global Governance and the WTO, Harvard International Law Journal, Vol. 45, 2004. P303—323.

⑤ Claude E. Barfield, Free Trade, Sovereignty, Democracy: The Future of the World Trade Organization, Cornell International Law Journal. Vol. 2, 2001, pp. 404 – 405.

不负责任的工具”。[①] 如若继续坚持现有的 WTO 议事规则，即主要基于各国贸易部长根据本国进出口商和生产商的利益作出的谈判方案，形成 WTO 规则，则即使 WTO 对于与贸易相关的非贸易规则（尤其是公共利益规则）加以考量，也仅仅是以本国的贸易利益为优先价值的前提下进行的考量。这种拒绝大量的环境、人权、工会等非政府组织参与 WTO 谈判的行为方式，必将继续对 WTO 规则的实施造成障碍。因为对于非政府组织来说，如果 WTO 向非贸易领域扩张的趋势不变，那么与这些非贸易领域直接相关的非政府组织就应当在 WTO 制定相关领域规则时被授予一定的发言权，向其提供咨询意见。非政府组织认为，在 WTO 管辖权扩张的情形下，除以政府为代表的各个贸易利益团体的利益应当被重视以外，WTO 体制从目标与宗旨到议事方式均应进行改革，并对以非政府组织为代表的非贸易利益团体的权利给予应有的重视。

三、WTO 多边贸易体制的民主性缺陷

如前所述，WTO 不仅仅在国际贸易问题上是最强大的权威，它对广泛意义上的全球经济问题乃至社会问题的治理均具有广泛的影响力。它所制定的规则对全世界人民产生着越来越大的影响。然而，WTO 下贸易及相关规则的形成，却仅仅代表着少数利益团体的权利。除了 WTO 原则宗旨上的局限性以外，这种背离的一个重要根源在于 WTO 的体制缺陷。首先，WTO 缺乏直接的民主投入。在 WTO 体制下，即使是享有投票权的成员方也时常发出 WTO 体制缺乏民主的感慨，遑论几乎不享有任何权力的非政府组织和一般民众。迄今为止，WTO 内部所酝酿的民主改革在国际法层面的成效十分有限。这种民主机制的欠

---

① John S. Odell, The Seattle Impasse and Its Implications for the World Trade Organization in Daniel L. M. Kennedy and James D (eds), The Political Economy of International Trade Law, Cambridge University Press, 2002. p. 400.

缺也在很长时间内导致了 WTO 在公众心目中对于采纳公众意见表现消极的公众形象。其次,WTO 机构之间存在严重的权力失衡。WTO 运行中,DSB 的力量远远比 WTO 权力机构和行政机构更为强大。这一事实导致 WTO 规则不仅不能反映市民社会的意见,甚至不反映广大 WTO 成员方的意见。另外,与 GATT 早期不同,这个缺乏参与正当性的组织不再受到贸易自由化进程的约束。近年来,WTO 成员方所坚持的协商一致决策程序所衍生的政治否决权,实际造成了 WTO 谈判的进程中的权利不平等,在贸易强国不断争得自身利益的同时,WTO 体制却很难做出对发展中国家更公平,使市民社会更拥护的改革。而权力和行政机构形成僵局的另一面,争端解决程序却在强大的管辖权与执行力的保障下,通过非经选举产生的官僚们不断改写权力机关制定通过的 WTO 协定的含义。因此,即便是成员方政府,也视 WTO 为一个堡垒,被紧紧地锁在 WTO 一揽子协议中,要么是受制于经济现实或是受制于协商一致的政治机构以及严格的执行机制,进退维谷。[1] 时至今日,WTO 体制的民主缺陷已经在其与成员方与公众之间制造了一道鸿沟,并成为制约 WTO 进一步发展的关键问题之一。

WTO 的民主性缺陷问题何去何从?学界还有不同的理解。亚缇克(Jeffery Atik)认为,WTO 的民主性缺陷表现为三个方面:一是超国家性。与民主国家国内人民可以通过民主选举的方式表达自己意见相对应的是,WTO 政策是由成员方政府通过协议达成或在争端解决程序中以司法立法的方式达成的。因此,WTO 规则对成员国国民直接产生影响,但直接受影响的成员国国民却无法控制谈判的过程。二是司法立法。目前 WTO 很多政策是通过争端解决机制形成,没有立法权制衡下的司法立法有民主缺失的嫌疑。三是政治性。国际贸易政策政治性考

① Pawleyn, The Sutherland Report: A Missed Opportunity for Genuine Debate on Trade, Globalization and Reforming the WTO, Journal of International Economic Law, Vol. 8(2), 2005, pp. 329—346.

虑削弱了政府充分代表人民意愿的可能性。[①]

但是,我们应该看到,政府间国际组织的成员方均不可能避免政治性考量,尤其是在涉及重要经济领域的情况下。政治与民主并非不可共存,民主也并非完全的脱离政治。因此,总的来说,学者对 WTO 民主的质疑主要基于两点,一是 WTO 规则不能直接体现人民的意愿,即 WTO 规则的产生欠缺问责性。WTO 规则的形成过程中不能全面反映规则所影响人民的利益,即便人民对 WTO 规则不满,也无法通过选举机制,更换参与谈判的人员。二是 WTO 借用司法解释创造新的权利和义务,并不受政治机构的制约。民主性欠缺是国际法体制共同面临的问题。但其他国际组织的民主问题之所以没有像 WTO 那样引起广泛的关注,与 WTO 本身的特性是分不开的:首先,WTO 拥有这么广泛的成员方,意见的聚合与取舍需要一个体现民主的运作机制;其次,WTO 在众多领域中发挥重大的影响,并且这种影响还将继续扩张,因此,其立法和执法情况的监督显得格外意义重大。

首先,从历史上看,GATT 体制下的决策程序及争端解决程序就具有明显的封闭性的特征,绝大多数信息均不对外公开;到了 WTO 时代,尽管透明度原则成为了 WTO 多边贸易体制中被最广泛提及的基本原则之一,其运行体制的封闭性的特点依然显著。当然,我们也应当看到,WTO 体制的透明度在不断的提高,但 WTO 内部运作程序现今还是很不透明。除了 WTO 程序中林林总总的参与程序以外,这一点在多哈会议时少数大国的部长们在"绿屋"中酝酿出来"多哈宣言"最终版本的过程中得到典型性体现。尽管呼声很强,但 2001 年多哈部长级会议和 2003 年坎村部长级会议并未就 WTO 体制下成员方参与谈判过程的民主问题作出实质上的改善。在这两次会议上,WTO 仍然未及时公开披露任何谈判草案。2002 年 12 月 16 日达成的关于

① Jeffery Atik, Democratizing the WTO, George Washington International Law Review, Vol. 33. 2001, p452.

药物强制许可的 Motta 文本也未能及时在 WTO 网站上公布。直到 2004 年 8 月，秘书处才在 WTO 网站上公布了草案文本。透明度是实现公众参与的前提条件。WTO 体制下，公众由于缺乏对 WTO 决策程序和争端解决程序的信息获得，客观上也不具备参与 WTO 体制的能力。透明度和参与性两者紧密联系，是民主性得以体现的两个方面。因此，对于 WTO 来说，要推进民主改革，就需要解决外部透明度和内部透明度问题。所谓外部透明度就是指非 WTO 成员，例如非政府组织和其他利益相关者获取信息以及参与 WTO 决策的程度；内部透明度指影响 WTO 成员方政府的透明性问题，例如工作程序的非公开性。[①] 即使撇开透明度问题，对于 WTO 成员方以外的非政府组织及普通民众的参与性问题，多哈回合也未有实质性进展。2000 年，WTO 技术贸易壁垒委员会制定了《国际标准发展的原则》，该原则不仅对于 WTO 管辖领域内，还对管辖范围以外的领域产生影响，并且具有极强的专业性，但委员会未采取任何索取公共意见的行动。2004 年，WTO 上诉机构邀请成员方对其《工作程序》的修订草案发表意见，其间，一些直接参与实践的政府公共以及私人律师表示希望能够表达自己的意见，但被 WTO 拒绝。这些情况与其他多边贸易组织的做法形成对比：美洲自由贸易区（FTAA）设立了市民社会委员会，并将 2000 年以来的市民社会的意见公布在 FTAA 的网页上。另外一些国际组织，如经合组织，联合国气候变化框架公约清洁发展机制，北美环境合作委员会均关注新提案的公众意见。

其次，WTO 体制的衍生机制进一步加剧了民主缺失问题。毋庸置疑，DSU 完善了 WTO 框架下的争端解决机制，对 WTO

① Sylvia Ostry. External Transparency: The Policy Process at the National Level of the Two-level Game in Mike Moor (ed.), Doha and Beyond: The Future of the Multilateral Trading System, Cambridge University Press, 2004. p. 94. 总的来说，内部透明度涉及的是 WTO 程序和文件对 WTO 成员方，主要是发展中国家的成员方是否透明的问题，如绿屋谈判；而外部透明度指的是 WTO 对成员方以外的组织和机构是否透明的问题。

具有重要意义。但是,这个一度被各成员国及学者赞赏的“皇冠上的明珠”,在多哈回合中,却成为众矢之的。发展中国家对争端解决机构在处理与发展问题相关的争端,尤其是环境问题时所体现出的过大的自由裁量权反应激烈。而即便是发达国家的学者也开始反思 WTO 内政治机构和争端解决机构权限分配的不均造成的体制问题。很多学者不约而同地注意到 WTO 晚近发展中的体制不平衡问题,并提倡在确保体制正当性的前提下对新问题进行解决,尤其是在处理“与贸易有关”议题时应当保证司法审慎主义。奥斯特雷(Sylvia Ostry)认为,WTO 受制于其体制的严重失衡:立法和行政权力极度虚弱,而争端解决机制极度强大。① 曾任职 GATT 体制下法律事务部的罗斯勒(Frieder Roessler)也批评上诉机构在印度数量限制案中的裁决实质上是将决策权由政治机构转移至 WTO 的司法机关,改变了 WTO 体制下的谈判平衡。② 同样,GATT 前总干事彼得·桑德兰(Peter Suntherland)亦强调在 WTO 协定空白和模糊之处,保持司法克制的需要。③ 在透明度和参与性欠缺已经成为 WTO 民主缺失的主要体现,并助长了立法权的萎缩的时候,司法立法的乘虚而入又进一步加深了 WTO 体制的民主性问题。美国前贸易代表坎特(Mickey Kantor)在一场演讲曾说到:WTO 争端解决机制起的作用如同星座法庭一样,对平民产生影响,尤其是在环境保护领域,但该组织没有任何问责机制。④ WTO 的民主缺失成为非政府组织谋求参与权的直接动因;非政府组织的参与又成为推动 WTO 前进的新的动力。毕竟,在全球化的时代,国际市民社会与政府间国 b 际组织之间各有所需,相互支持,只有两者互

① Sylvia Ostry, Doha and After. Speech in From Doha to Kananskis Conference. March, 2002.

② Sylvia Ostry, Doha and After. Speech in From Doha to Kananskis Conference. March, 2002.

③ Peter Sutherland, Is Free Trade Fair? Has it Gone Too Far?, Harvard University Center forInternational Affairs, August 2000. See http://www.wcfia.harvard.edu/fellows/papers/1999-00/sutherland.pdf

④ Steve Charnovitz, Opening the WTO to Nongovernmental Interests, Fordham International Law Journal, Vol. 24. p175.

信,才能获得全球贸易治理经济性与社会性的成功。非政府组织需要 WTO,WTO 也需要非政府组织。非政府组织的参与能改善 WTO 的正当性,并增进公众对 WTO 的支持和对 WTO 规则的拥护。WTO 的成功,需要在内部提升透明度,并融合更多、更广泛成员的机制。[①] 这种对 WTO 参与性改革的号召并非首次提出,而且会越来越强烈。WTO 既要改善内部的参与性,增进发展中国家在全球贸易治理中的话语权;也要增进外部的参与性,给予非政府组织发挥在多哈回合谈判中积极作用的空间。[②]

① Jeffrey L. Dunoff, Global Trade Issues In The New Millennium: The WTO In Transition: Of Constituents, Competence And Coherence, Geo. Wash. Intl L. Rev. Vol. 33, 2001, p. 979.

②

第三章　非政府组织对 WTO 多边贸易体制的影响

第一节　非政府组织对 WTO 多边贸易体制的积极影响

非政府组织对 WTO 多边贸易体制的参与体现了国际社会的多元性，也彰显了 WTO 体制下利益的多元性。非政府组织利用其专业优势和独特的背景，其“无形之手”往往能到达政府间组织所不能到达的地带，尤其是涉及人权、环境方面。譬如，1984 年“希拉库萨原则”(Siracusa Principle)的含义就是在非政府组织的帮助下加以明确。[①] 非政府组织在进行活动时，将超越国家的私人实体价值推销给政府间组织，以促使 WTO 多边贸易体制的运行更加有利于个人权利的保障。譬如，非政府组织关注边缘性社会群体的弱势地位，将全球责任、人道主义等价值引入多边贸易体制。当争端解决机构行使司法解释权，解释 WTO 条约规则时，非政府组织也往往试图施加自己的影响。譬如，传统上，WTO 以贸易自由化为基本原则，但在解释贸易规则和环境规则之间的关系时，非政府组织往往提请 WTO 关注其序言中的“可持续发展”目标，从而在解释自由贸易原则时，加入对保

① 该原则除再次重申《公民权利和政治权利国际公约》中规定的权利不可克减以外，而且说明：在任何情况下，即使是宣称为了维持国家政权的目的，这些权利都不可克减。

护环境和人类生命健康安全的考量。可见,非政府组织对WTO多边贸易体制的影响是深远而全方位的。

一、缓和WTO多边贸易体制的民主性危机

非政府组织对WTO民主进程的意义首先在于增加了WTO多边贸易体制的透明度。不少非政府组织都拥有庞大的网络组织,可以在全球范围内迅速收集、分析、传播相关信息,改变与国家、政府组织信息不对称的局面。尽管在世界贸易组织的官方网站上,任何人都可以便利地获取相关的信息及了解国际贸易动态,但是为了缓和国际社会舆论压力,有些信息是不公开的。在这种情况下非政府组织也能通过各种渠道获取该信息并公诸于世。或许正是基于这种原因,民众对于官方报告的正确性往往持一种谨慎的态度。WTO主要机构是"部长会议",如经成员方要求,它"有权依本协定及有关多边贸易协议关于决策的具体规定,对任何多边贸易协议规定事项作出决定"。[①] 非政府组织特别关注WTO部长会议。从新加坡、日内瓦、西雅图、到多哈、到坎昆,都有非政府组织的声音。他们通过正式或非正式的途径,向部长级会议施加影响。许多非政府组织参加了部长会议的全部活动。使WTO不得不增加其文件和活动的透明度。现在,WTO争端解决机构专家小组报告一经通过即对公众开放,贸易和评审报告也及时出版。尽管一些重要文件仍受限制,但WTO公布的信息比GATT多得多,正如有人所指出,WTO已从不透明走向半透明。就连WTO专家们认为:"如果在谈判过程中没有与非政府组织的互动,很难想象透明度的进程能够发展得如此之快。"[②]透明度的增加为WTO多边贸易体制走向更加民主、开放奠定基础。

① 徐盛华、章征文:《新编国际贸易学》,北京:清华大学出版社,2005年版,第68页。

② [美]彼得·萨瑟兰等:《WTO的未来——阐释新千年的体制性挑战》,刘敬东等译,北京:中国财政经济出版社,2004年版,第59页。

在 WTO 多边贸易体制下,成员国家(特别是大国)垄断了贸易谈判的主动权,甚至主导了 WTO 多边贸易体制的发展进程。这不可避免地引发 WTO 多边贸易体制的民主危机。由于非政府组织无公权干预、非营利性的特征,它更能代表公众的利益、表达公众的意愿,并对国家进行道德上的监督。它对 WTO 多边贸易体制的参与能增强国际贸易规则的民主性,从而使 WTO 规则获得更多基层民众的支持。支持市民社会参与全球贸易治理组织 WTO 的一个强有力的论据,就是市民的参与能够促进国际法规则在国内层面的自觉遵守和执行。反映市民意见的贸易规则更具有持续性和经久性,为贸易的国内实际参与者所自觉遵守,从而减少成员国政府执行 WTO 协定遇到的阻力。而当前,制约 WTO 多哈回合顺利进展的部分原因正是非政府组织对多哈议程的不满。由于 WTO 各轮谈判均游离于市民社会之外,未能充分有效地反映各成员方境内市民的意见,从而导致市民社会对 WTO 未来的发展丧失信心。增加非政府组织在 WTO 的参与,能改变 WTO 以成员方政府或单独关税区为唯一参与主体的俱乐部式组织的官僚作风,增强 WTO 的民主性和开放性,能改善 WTO 的正当性,从而获得更多的公众支持。总之,WTO 的成功,需要在内部提升透明度,并成为能融合更多、更广泛成员的民主机制,在这进程中,非政府组织的角色不可或缺。

二、增强公众对 WTO 多边贸易体制的信心

以往成员国家是各种信息的唯一来源,基本上没有非政府组织的言论地位。因此,在此基础上作出的各种决策、发表的各项声明都无法让公众信服。国家在国际层面上,更多的是代表一国的政治经济立场,而由国家垄断信息提供的渠道,不啻是与市民社会脱离联系的强权做法。非政府组织的参与则有利于打

破信息垄断,制定适宜的贸易政策。WTO争端解决机制关于仅允许缔约国方提供信息的规定无疑造成了一种形式上的垄断,打破成员国方提供信息的垄断并创造竞争环境以寻求建立最佳的政策制定机制成为WTO亟需解决的问题,这同时也是“规则导向”转化成“司法导向”所要求的。[①] 吸收非政府组织参与到WTO争端解决过程中,可以充分利用其在某一专业领域的智力资源优势,发挥其迅速发现问题并能及时作出反应的特长,从而在WTO争端解决机制的体系内构架成员国和非政府组织的平行竞争机制,以期能更好的发挥各方面优势,互补所短、集思广益,制定出最适宜的世界贸易政策。[②] 而且这种贸易政策也容易被公众所接受。

非政府组织是由一国或数国的公民或公民的联合发起的并谋求某种公共利益的独立于国家的具有私人性质的组织,代表的是某一个或几个地区公民(团体)的意见和利益,不同于成员国代表的利益。成员国因财力和人力的限制,对于WTO争端的参与是有一定限度的,他们所提出的观点可能只涉及到国家所最为注重的某一或某几方面,但在代表公共意见方面是不全面的,常常有某部分公民或团体的意见和利益无法通过国家意志的形式表达出来。有些领域的事务和管理,国家、政府组织不能够、不愿意或者不应该、不便于进行,而非政府组织是一个独立的团体,不受任何国内或国际政治力量的控制,因此往往在这类领域中有相对资源优势。非政府组织能充分地表达民间意见,他们的参与可以使WTO在那些国际性的问题上听到来自社会公众的声音,因此往往在这类领域中有相对资源优势。它们能够帮助减少公众对于WTO只注重国家间秘密会谈,而将广大公众拒之门外的做法猜疑,从而加强社会公众对于WTO争端解决

① 王彩霞,“非政府组织参与WTO争端解决机制的价值研究”,《商业时代》,2008年第9期,第19页。

② 刘新宇:“非政府组织与世界贸易组织关系之探讨”,中国法律网,http://www.chinalawlib.com/s91591662.html? q=非政府组织(2007年6月12日登陆)。

机制乃至整个多边贸易体制的信心。

三、促使 WTO 规则得到遵守

国际法不同于国内法，由国家强制执行机关确保实施。因此，普遍体现出欠缺执行力的特征。国际条约和惯例在制定和形成后，根据“约定必须信守”原则，依赖成员方的自觉遵守。非政府组织的参与能促进国际法的执行效力。不少国际法学家也非常关注私人团体对于促进国际法的有效执行和自觉遵守中所作出的贡献。相比非政府组织对国际法形成、解释中发挥的作用，非政府组织对国际法规则执行中所起到的意义甚至更重要。一方面是因为政府间组织对于非成员方的立法参与权相比执行中的参与权持以更为谨慎的态度；另一方面，是因为全球治理权的分配正从传统立法领域向法院转变，即便是大陆法系的欧盟，从前以法院为中心的治理方式很罕见，如今也是如此。① WTO 便是一个非常典型的例子。当前，争端解决机制成为规则执行和解释的重要场合。WTO 政治机构的立法权限由于缺乏效率而面临萎缩，而转移到日益强大的专家组和上诉机构手中。非政府组织所提交的意见对争端解决结果的影响相当于对 WTO 规则适用产生的影响。具体而言，非政府组织增强 WTO 规则执行性的功能体现为：基层民众对 WTO 规则转化为国内化过程中的监督能有效减少 WTO 规则的“失真”。WTO 规则在转化为国内法为成员方政府和国民遵照执行时，可能会产生在转化、解释、执行过程中的偏离和误差。因此，即便是规则清晰，权利义务明确的 WTO 规则也会因为执行不力、缺乏监督的原因而形同虚设。而非政府组织有着分散化、网络化的组织体系，这使其可以对各国是否遵守 WTO 规则进行严格、全面的社会监督。

① Joyeeta Gupta, Non-State Actors in International Governance and Law: A Challenge or a Blessing, Journal of International & Comparative Law, Vol. 11. 2005. p. 450.

实践证明，即便一些政府间国际组织建立了内部监督体制，来监督各成员方的行为，但仍然得不到有效的制约，反而是来自于体制外人民的舆论监督，更能起到制约成员方政府行为的效果。尤其是在社会政策领域，非政府组织通过信息收集和传播，严密跟踪，监督各国政府履行条约义务和国际承诺的实施情况，监督政府间组织决议和计划、项目的落实情况。联合国等国际组织也意识到非政府组织对保障国际公约、条约执行所起的正面作用，主动寻求它们的合作。例如，在 1992 年针对前南斯拉夫的一个决议中，联合国安理会号召各主权国家"以及，适当的国际人权组织收集经过证实的有关侵害人权法的信息和资料"。[①]在关于塞拉利昂的 2003 年决议中，安理会又号召"成员国、国际组织和非政府组织继续协助塞拉利昂政府的国家复兴计划"。[②]在 WTO 规则的执行中，也同样如此。非政府组织的参与能够协助 WTO 发现成员方违反 WTO 规则的行为。在有关环境保护的多起争端中，非政府组织作为"法庭之友"向法院提交意见，提供信息和证据，起到了证明成员方政府是否违反 WTO 义务的作用。因此，非政府组织通过监督国际法的执行，能有效地降低国际法转化为国内法中因遭遇国内某利益群体反对而中断的机率。

四、协助 WTO 多边贸易体制的司法程序

非政府组织介入国际司法程序的方式有两种。其一，根据个别区域性司法体制的授权，非政府组织可以争端方的身份发起诉讼或仲裁。例如，根据《欧共体条约》第 173 条，非政府组织或个人可就欧盟委员会违反欧盟法的行为提起诉讼。第二种

① Steve Charnovitz, Nongovernmental Organizations and International Law, American Journal of International Law, Vol. 100, 2006. p. 353。

② Steve Charnovitz, Nongovernmental Organizations and International Law, American Journal of International Law, Vol. 100, 2006. p. 353。

方式是以“法庭之友”的身份，向国际或区域性法院或仲裁机构提交它们对于事实部分的意见，帮助法院或仲裁机构查明事实，协助国际司法程序的完成。非政府组织的第二种身份则体现了协助国际司法程序顺利进行的功能。国际贸易争端常涉及贸易以及相关领域的专业性问题。非政府组织能够以专家的身份，公正、独立地给出自己的意见，从而便于司法机构完整地获取有关事实的信息。法庭之友，源自于拉丁语 Amicus Curiae，原指争端方以外的人由于对争议标的有重大利益关系，而主动或应法庭要求向其提交意见书的行为。[①] 法庭之友制度最早产生于罗马法，但转而在普通法系中得到长足发展。近代法庭之友制度以美国法的规定最为完善。相比英国，美国司法制度中对“法庭之友”的限制较小，任何享有诉讼利益，甚至政治利益的第三方都可以作为“法庭之友”。实践中，作为“法庭之友”的第三方通常代表的是公共利益。[②] 而受到普通法系以及欧洲人权法院的影响，大陆法系国家法国民事法院也接受个人以“法庭之友”身份参与诉讼。[③] 甚至在我国，个别法院也纳入了“法庭之友”制度。但现代“法庭之友”制度在各国适用的含义与其最初产生的定义是不同的，现代“法庭之友”制度多被理解为庭外专家向法庭提交独立意见书，帮助法院调查案件事实，不再强调《布莱克法律词典》和《牛津现代法律用语辞典》的“利害关系”要求，当前国际司法程序中的“法庭之友”制度也模糊了“法庭之友”与争议案件之间利害关系的要求。

国际司法程序中“法庭之友”制度应用广泛，主要的国际司法组织，除了国际法院，都制定了非政府组织作为“法庭之友”提交意见书的程序。尤其在涉及人权问题时，国际刑事司法机

---

① Bryan A. Garner (ed.), Black's Law Dictionary. 7th ed. p. 83. 111。

② Bryan A. Garner:《牛津现代法律用语辞典》，北京：法律出版社，2001 年版，第 51－52 页。

③ 赵海峰、高立忠：“论国际司法程序中的法庭之友制度”，《比较法研究》，2007 年第 3 期，第 68 页。

构均倾向于邀请人权非政府组织发表意见。在贸易法领域，非政府组织以“法庭之友”的身份提交意见书也不罕见。（见前述）。除了 WTO，北美自由贸易区和欧盟也对“法庭之友”意见书持肯定态度。北美贸易自由区于 2001 年在争端解决中正式地宣称有接受“法庭之友”意见书的权利。《欧洲法院规章》第 40 条也允许国家、欧盟机构以外的任何个人，包括非政府组织参加法庭程序，它们的意见书主要用于支持争端方一方意见。《欧洲法院规章》并不要求该非政府组织的参与以法院邀请为前提，任何能够证明自己跟案情具有利害关系的非政府组织均可主动申请介入到法庭程序中去。从实践效果来看，70 年代以来，多个行业工会、消费者利益集团等非政府组织要求介入到特定争端中，有不少获得了法院的批准，为法院调查事实提供了便利，协助了争端的解决。

鉴于 WTO 贸易争端所涉及专业问题的复杂性和交错性，尤其是在涉及到为保护环境、人类健康、动植物生存的贸易限制时，专家组和上诉机构不可避免地需要从成员方以外的民间组织获取信息和意见，以对事实作出客观分析。在以往的 WTO 争端解决程序中，非政府组织多次施加自己的影响，潜移默化地令专家组和上诉机构在解释 WTO 协定条文时，纳入其所主张的理念。为正确理解《马拉喀什协定》序言中的“可持续发展目标”或 GATT1994 第 20 条(b)款和(g)款，非政府组织通过提交“法庭之友”意见书，游说 WTO 考虑《21 世纪议程》、《保护生物多样化公约》等外部法律渊源对“可持续发展”的界定，从而将公共利益保护的目标引入 WTO 协定解释中。非政府组织的游说已经直接影响了专家组和上诉机构条约解释的结果。例如在“虾/龟”案中，上诉机构为了明晰 20(g)款中“可用竭自然资源”的含义，声明这段话必须在“当今各国对环境的保护和保存”的背景下解读。因此，上诉机构审查了《海洋法公约》、《生物多样性公约》以及其他国际环境法文件以确定条约含义。同样在审查美国的措施是否构成 20 条规定的“不正当的歧视”时,上诉机构仍是依赖大量国际环境文件,包括《里昂宣言》等。[①]

五、丰富 WTO 多边贸易体制的包容性

GATT 和 WTO 对于减少贫穷、促进全球经济增长所作出的贡献有目共睹,但是我们应该看到,WTO 对各成员方的福利增长并非均衡的,这可称为 WTO 协议下的利益失衡。发展中国家为了获取初级产品进入发达国家的自由贸易权,或是为了引进外资,不得不作出不公平的妥协。发达国家跨国公司通过游说本国政府成为 WTO 规则的最大受益者,使得 GATT 和 WTO 协定成为跨国资本利益的守护者。

非政府组织并没有忽视 WTO 过分注重贸易利益的价值取向,积极通过各种途径改变 WTO 多边贸易体制下经贸利益和社会公共利益的失衡。以知识产权领域为例,便是非政府组织积极活动的一个领域。

WTO 下的 TRIPS 协议是发达国家以开放贸易和投资作为诱饵,要求发展中国家作出的承诺。自 1994 年 TRIPS 协议达成后,知识产权跨国保护的力度达到了空前的强大。并且,作为知识产权的出口国美国一直通过各种途径拓宽本国知识产权在发展中国家保护的力度,通过大量双边条约约束与自己有经贸往来的国家。知识产权保护的迅速扩张触动了国际人权保障的敏感神经。大量致力于人权保护的非政府组织,以市民社会的名义要求介入到 WTO 以及世界知识产权组织(WIPO)的谈判中,对知识产权单方面保护所忽略的本地居民利益、公共健康利益等作出回应。在非政府组织的请求多次遭受拒绝后,非政府组

① United States-Import Prohibition of Certain Shrimp and Shrimp Products, WT/DS58/AB/R, (98-000) P 129,168 (Oct. 12,1998)。

织另辟他径，寻求人权国际组织的合作，以抗衡 WTO 下发展中国家本地居民在知识产权领域所遭受的不公正对待。例如，在非政府组织的推动下，联合国人权系统在 2000 年开始关注 TRIPS 协议，这正是很多发展中国家根据 TRIPS 协议享受的过渡期届满的时候。2000 年 8 月，联合国人权促进和保护分会通过了关于知识产权和人权的 2000/7 号决议。2000/7 号决议对 TRIPS 作了一定负面的评价，她认为"TRIPS 协议的执行和经济、社会以及文化权利实现之间存在着实际的或潜在冲突"。①

在知识产权领域，非政府组织的活动是充满理性和策略性的。首先，非政府组织目标明确，它们在被 TRIPS 协议所忽略的公共健康、人权、生物多样化领域积极寻求公众的支持，并仔细选择价值推销的场所。非政府组织选择的场合通常是对其参与较为包容的政府间组织，并且谨慎地将美国参与的国际组织排除在外（以免遭受美国政府的干扰）。其次，在确定议题和场所后，这些非政府组织采取两步走的操作。第一步，它们在道德、法律、政治以及经济各角度质疑 TRIPS 以及 TRIPS 以外双边知识产权条约的正当性。然后，它们协助一些国际组织制定与 TRIPS 冲突的法律规则来减弱或者阻碍知识产权保护的扩张。② 非政府组织在国际社会中寻求合作的伙伴主要是国际人权组织，这些对知识产权单方保护持对立观点的人权团体倾向于对国际人权组织施压，对一些模糊的人权进行详尽、确定的解释以抗衡 TRIPS 协议中精细、明确界定的规则。③ 在非政府组织的

① Intellectual Property Rights and Human Rights, Res. 2000/7, U. N. Sub-Comm' n. on the Promotion and Protection of Human Rights, 52 Sess., preamble. 11, U. N. Doc. E/CN. 4/Sub. 2/RES/2000/7. 根据决议，冲突体现为：(1)对发展中国家技术转让；(2)植物栽培者权利和转基因生物专利者的权利；(3)生物剽窃；(4)本地社群自然资源和文化的控制；(5)专利药物获取限制对健康权的影响。

② Intellectual Property Rights and Human Rights, Res. 2000/7, U. N. Sub-Comm' n. on the Promotion and Protection of Human Rights, 52 Sess., preamble. 11, U. N. Doc. E/CN. 4/Sub. 2/RES/2000/7. 根据决议，冲突体现为：(1)对发展中国家技术转让；(2)植物栽培者权利和转基因生物专利者的权利；(3)生物剽窃；(4)本地社群自然资源和文化的控制；(5)专利药物获取限制对健康权的影响。

③ Laurence R. Helfer, Human Rights and Intellectual Property: Conflicts or Coexistence?, Minn. Intell. Prop. Rev. Vol. 47(5), 2003. p. 60。

帮助下，新的条约得以制定、现有的条约也作出了有利于发展中国家的解释。在知识产权和生物多样性、人权等领域，还产生了大量不具有直接约束力的宣言、指导规则以及建议措施等。非政府组织将 TRIPS 协议作为反对的对象，通过世界卫生组织、粮食和农业组织等对与知识产权相关的问题加以规范。正如发达国家在 WTO 下创设与贸易有关的知识产权议题一样，非政府组织寻求在人权国际组织下处理与人权有关的知识产权议题。

目前，在非政府组织的游说下，越来越多的国际组织已经意识到人权保护和知识产权保护之间的冲突，并将解决知识产权和人权之间冲突作为组织的工作中心，制定了相当数量的条约、决议等约束 TRIPS 协议。例如，联合国经社理事会表明要尽快改变两者之间的利益冲突格局。1999 年，联合国发展计划署的《人权发展报告》呼吁重新制定全球化规则以使得“为人类而非仅仅为利益”而工作。同时呼吁对 TRIPS 协议进行全面和广泛的审查，建议对 TRIPS 协议中的灵活性条款在实践中给予尊重。世界卫生组织就 TRIPS 协议对公共健康安全的侵害也没有坐视不理。1998 年，世界卫生组织（WHO）召开世界卫生大会，对其成员国就实施 TRIPS 协议、限制高水平的专利保护对药品获得的消极影响提出了建议指南，并增强了 WHO 在贸易领域的行动权利。知识产权和人权冲突的压力最终也反映到 WIPO 内部，2000 年的秋天，WIPO 大会通过了建立新的国际知识产权和基因资源、传统文化和民间文学委员会（IGC）的决定。该委员会成立后召开了多次会议，讨论了大量为 TRIPS 协议所忽略的问题，从而回应了发展中国家和本地居民的诉求。在这些会议中，非政府组织被给予了观察员的身份，参与了会议讨论，并向委员会贡献了不少信息和意见。

可见，非政府组织活动的结果就是将 TRIPS 协议置身于相互冲突国际法制环境中，然后再通过游说相关政府间组织及政府，给予人权保护优先于知识产权保护的态度，以削弱TRIPS协议的执行效果。在与TRIPS协议抗衡中，非政府组织对促进国际法的理性以及善法之治发挥了卓越的功能。WTO体制一直被批评为将贸易价值凌驾于其他价值之上，TRIPS协议更是加剧了WTO下贸易与人权、发达国家与发展中国家利益的失衡。这样的一种体制只能促进全球经济的绝对数值的增长，而不能真正的增进全球经济公平、持续、均衡的发展。非政府组织通过各种途径理性地参与国际法体制，并试图纠正WTO体制下不同价值和利益的失衡。有学者称这种现象是发展中国家及非政府组织在面临国际法体制下贸易价值或资本价值一边倒时，对自己有利的领域进行的“体制转移”或“挑选法院”策略。近来出现的在人权、生物、环境等国际领域中知识产权立法的扩张正是不满TRIPS协议很多条文的发展中国家和非政府组织“体制转移”的策略。它们通过将知识产权问题移花接木，转移到其他国际体制下规范，从而重新衡量、修改或补充TRIPS的规则。或者我们也可以将这种行为视为非政府组织促进下的不同国际组织或国际领域之间的竞争。当发达国家明显的在一个领域或一个体制下占据优势的时候，发展中国家和非政府组织通过创造国际软法的方式产生反体制的规范。①

在环境保护方面，促进自由贸易和加强环境保护之间的矛盾是由来已久的，贸易主义者担心过分关注环境保护会导致新的保护主义，即“绿色壁垒”；而环境主义者则批评这种推进贸易的倾向，认为所谓的自由贸易就是在促进就业和赚取利润的驱使下放弃环境方面的价值。在WTO体制下，这一问题逐渐浮出水面。WTO现在关注的一个重点就是环境政策和贸易政策之间的互动性以及如何在不采用贸易保护主义做法的条件下促

① Claire R. Kelly, Power, Linkage and Accommodation: The WTO as an International Actor and Its Influence on Other Actors and Regimes, Berkeley J. Intl L. Vol. 24, 2006, p. 110.

进可持续发展和生态平衡。WTO 争端解决机制必须设法解决对于环保主义者提出的关于环境污染和环境恶化问题。但是,目前的 WTO 争端解决机制与多边环境条约的争端解决程序有一些不相容的地方。例如,从人员组成来看,WTO 争端解决专家组成主要是贸易专家,而不是法学专家,当然更不是环境法专家,因而,专家小组可能缺乏多边环境条约的知识,对涉及到环境问题的贸易争端不能正确处理。非政府组织的参与可以弥补上述的不足,他们关于环境保护方面的独到的、全面的观点有利于促进 WTO 有关环境的立法,制止严重损害环境的行为,从而进一步加强 WTO 成员国的环境保护意识。尤其值得一提的是,非政府组织的参与可以推动可持续发展战略的实施等国际环境保护事务,可以帮助 WTO 争端解决机构处理争端时在环境保护与自由贸易中寻求平衡,选择既有利于经济发展又能够保证环境质量,既符合长期效益又实现当前利益的恰当的结合点。

在全球经济一体化的过程中,劳工权利又是一个引起公众巨大关注的问题。从经济、贸易的角度讲,保护劳工权利必然要增加劳工的福利,提高劳工的工资,这会相应提高货物的价格,反之则反。这会导致:在对劳工权利采取低保护甚至不保护的国家,劳工在非常糟糕的条件下工作以维持低生产成本,使得这些国家的产品能以非常低的价格出口至其它国家。这一方面使得其他生产同类或相似产品的出口国在竞争中处于劣势,另一方面大大削弱了进口国国内产品的本土优势。如果其他出口国和进口国对于劳工权利提供了相当多的保障,则这种不公平的贸易竞争可能导致这些国家工人失业率的上升。因此许多观察者认为一个国家如若不能保护劳工的基本权利,那就会在产品的生产过程中造成不公平竞争,最终还会影响到货物的流动。

美国曾提出应将劳工标准纳入 WTO 谈判的过程中，[①]特别是对于劳工保护支持者极力倡导的被国际劳工组织认可的五项国际劳工权利，他们认为这应该是 WTO 成员国之间进行国际贸易的最低标准。这五项权利是：协会自由；组织和集体谈判自由；拒绝被迫或强制劳动的自由；为成年人就业设定最低的年龄；为工作条件设定最低标准的措施。在 1999 年底的西雅图部长会议上，美国试图发起旨在将最低劳工标准引入 WTO 协议的谈判，但因受到其他成员国（主要是发展中国家）的反对而无果而终，因为这些国家担心美国提出过高的劳工标准超出了他们国内所能承受的水平，认为这会构成对自由贸易的壁垒，从而损害到发展中国家的贸易利益。劳工问题一直是备受 WTO 争端解决机制关注的问题，WTO 也在进行各方面的努力以妥善处理，包括征求非政府组织的意见，因为 WTO 的实践表明，非政府组织对于促进劳工保障和公平竞争有着非常重要的作用，具体体现在以下两个方面：因为劳工问题牵涉到人权这一比较敏感和复杂的问题，甚至可能会使一项贸易争端逐渐转化成成员国之间的政治利益的冲突，这是任何成员国都不希望看到的；此外，一旦上诉机构对涉及劳工权利的争端进行裁决，那么成员国就必须严格按照裁决履行自己的义务，如提高劳工的福利、工资水平等，这可能会增加一国的财政负担。因此，成员国常常不愿意在争端中提出劳工问题，这对于劳工而言是不公平的，他们的权利得不到切实充分的保护。而非政府组织对劳工权利和工人工作条件时刻予以充分的关注，所以他们在 WTO 争端解决过程中的参与可以表达关于劳工保障的观点，切实维护工人的权利。

当成员国一方引用保护劳工权利构成贸易壁垒这一诉由而将争端递交给 WTO 争端解决机构进行处理时，劳工保护专家团

① 沈根荣、张维："国际劳工标准问题及其最新发展"，《国际商务研究》，2004 年第 3 期，第 25 页。

等非政府组织在货物生产过程中的工作条件、童工和合同工的使用等问题上可以提供丰富的专业知识和独到的见解，从而有助于专家组和上诉机构充分考虑贸易发展与劳工保障之间的平衡，也为 WTO 各成员国之间开展公平竞争贸易创造良好的法律环境。

总之，WTO 多边贸易体制下，成员国家更多的关注自由贸易、经济发展，而忽略了由贸易所带来的种种社会问题，比如人权、环境、扶贫、劳工保护…而非政府组织，或者代表整个人类社会，或者代表一部分群体，以其敏锐的眼光在经济贸易的背后洞察到了诸多隐患。尽管由于时机尚未成熟，无法将所有问题完全地纳入到 WTO 多边贸易体制中来，但是有了非政府组织的"旁敲侧击"，WTO 多边贸易体制逐渐地认识到除了发展经济之外的其他问题的重要性，也因此赋予了其本身更多的包容性。

第二节　非政府组织对 WTO 多边贸易体制的负面影响及综合评价

尽管非政府组织的参与为 WTO 的良性发展发挥了重要的作用，但基于群众自发建立的众多非政府组织体制上不够完善，缺乏约束和监督机制，并且非政府组织的参与冲击了主权国家对国际法规则的控制，因此，反对非政府组织参与 WTO 的声音也不绝于耳。目前，非政府组织在国际法领域下的参与虽然呈现出日益开拓的局面，在 WTO 体制下听取民众意见的呼声也日益高涨，但笔者认为对于非政府组织在贸易治理下的参与必须保持清醒，应正视其参与可能带来的弊端，并在控制不利因素的基础上构建合作。

一、过分追求争端解决透明度的弊端

争端解决机制的透明度，包括两个方面的内容：第一是内部的透明度，即争端解决过程的公开化，专家组程序和上诉程序应向成员方公开，包括公开相关的裁决及其它资料；第二便是外部性的，给予公众参与的权利，甚至包括争端解决机制中引入私人诉权，允许非政府组织作为私权益的代表直接参与争端解决，这是非政府组织介入的最激进的形式。[①] 自1995年WTO争端解决机构成立以来，它的建议和裁决影响到了非争端当事方以及民间社会的众多部门，理应有更广泛的民间社会的参与。[②] 非政府组织宣称其介入能使WTO更加公平和权威，而不是把经济摆在首要位置，使环境、社会等价值退居其次。它们认为国家和政府在代表公共意见方面是不全面的，而它们能够充分表达民间意见，它们的参与可以使国际社会在具有全球性影响的问题上听到重要的声音，从而可以弥补单纯政府层面决策的不足之处。美国等少数国家由于受到国内非政府组织的巨大压力，多次重申了要将WTO的争端解决程序向公众开放的决心。美国曾提议提高WTO争端解决程序的透明度，建议WTO应当考虑发布关于处理"法庭之友"书面意见的指导方针是否有帮助，主张将判例中确立起来的先例正式化。在这种情形下，首先，非政府组织的地域分布不均衡。发达的市民社会以经济强大、政治民主、中产阶层壮大为前提条件。因此，非政府组织主要分布在西方欧美等发达国家，它们所代表的公共利益主要也是发达国家民

① 金晓晨："WTO争端解决机制下私人诉权的探讨"，《法学杂志》，2003年第2期，第14页。

② Nikolaos Lavranos, Some Proposals for a Fundamental DSU Reform, Legal Issues of Economic Integration. 29(1), 2002, p. 80.

众所主张的环境权、人权等价值。而发展中国家，尤其是最不发达国家，亟待解决的是减少贫穷、增加就业等经济发展的问题。北方非政府组织所强调环境、劳工、人权保护的人权价值，并非南方国家基层民众所主张的优先价值。这些议题，不区分南北方国家的经济和社会差异，直接引入WTO，会减损发展中国家的利益，加剧南北国家之间的矛盾。譬如，贸易争端解决机制下的“法庭之友”制度也存在着一些缺陷，在“法庭之友”帮助国际司法程序完成的同时，也存在着损害司法独立性的风险。不少学者就担忧西方发达国家利用“法庭之友”制度将其价值、标准强加于发展中国家。因此，非政府组织地域性分布的不均衡，在系统构建WTO争端解决程序中的“法庭之友”制度时，必须予以正视，并区别对待。此外，非政府组织领域分布也是不均衡的。社会价值目标具有多重性，能够影响贸易谈判的仅仅是其中组织庞大、资金雄厚的非政府组织。他们所代表的市民社会利益也不尽全面。WTO如果与其关系处理不当，则可能对WTO政策和全球贸易体制带来负面影响：WTO可能通过与非政府组织的交流不适当地卷入当地或国家的政治关系中，甚至可能导致基于国籍、种族、性别和阶层等原因而形成的政治纠纷等。而且，允许非政府组织在WTO部长级会议下进行游说，有引发部分利益群体获取不成比例的影响力的风险。[①]

二、对正当程序的负面影响

尽管非政府组织在其所在专业领域拥有丰富的知识、经验和资源，在各有关领域甚至可以成为政府的“智力竞技者”(intellectual competitors)，提供的意见往往具有较高的权威性，有些

① August Reinisch and Christina Irgel, The participation of NGOs in the WTO dispute system, Nonstate Actors and International Law 1, Netherlands: Kluwer Law International, 2001, p. 130.

还代表着人类社会的共同利益，但关于其在国际场合代表公共意见的合法性资格和能力问题是很有争论的。[①] 某些非政府组织的支持者背景、资金来源和其活动的透明度亦存在问题。而且，在发展中国家看来，大量强大的来自西方国家的非政府组织的参与，可能对发展中国家成员的社会利益和国家主权构成威胁，加剧 WTO 体制中现存的发展中国家与发达国家之间利益的不平衡，这个问题尤其应引起发展中国家的高度重视。退一步说，即便将 WTO 向民间社会开放，也不能赋予其超过成员方政府更多的权利。非政府组织采取社会运动的方式，对贸易谈判进行施压，当它们的要求得不到回应时，它们倾向于使用非理性的方式表达自己的不满。在西雅图部长级会议召开期间，更是发生了非政府组织的暴力冲击导致谈判无法进行下去的状况。WTO 对于非政府组织的回应不可避免的具有滞后性，非政府组织的非理性行为会增加 WTO 贸易谈判的成本，降低贸易谈判的效率。国际法的价值一直以来更依赖其有效性，贸易谈判有效性的减损，会拖延全球贸易治理的进程，同样削弱成员方的信心。

三、对 WTO 组织体制的冲击

从《争端解决谅解》第 13 条不难看出，专家组寻求信息的权利主要集中在争端的事实问题上，尤其是涉及科学或其他技术事项的事实问题。可是，“法庭之友”书面意见可能是针对事实问题的，也不排除针对法律问题的可能。而且，第 13 条的规定只字未提上诉机构，即使它可以被理解为专家组有权从“法庭之友”处接受书面意见，也无法直接推断出上诉机

① Jona Razzaque, Changing role of friends of the court in the International Courts and Tribunals, Non-State Actors and International Law 1, 2002, p. 170.

构拥有同样的权利,否则将有悖于《维也纳条约法公约》关于条约解释的规定。另外,如果书面意见是针对事实问题的,那么上诉机构没有必要从“法庭之友”处寻求信息,否则将违背上诉审作为“法律审”的本质。[①] 那么,《争端解决谅解》第17条第9款能否被援引为上诉机构接受“法庭之友”书面意见的法律依据呢?答案还是否定的。第17条第9款规定:“工作程序应由上诉机构经与争端解决机构主席和总干事磋商后制定,并告知各成员供参考”,事实上,上诉机构根据该条的要求已经制定的《上诉审工作程序》中没有任何内容涉及“法庭之友”,更没有直接授权其接受非政府组织提交的书面意见。即便上诉机构想通过修改《上诉审工作程序》的方式实现这一权利,也必须履行第17条第9款规定的程序。由于《争端解决谅解》等文件存在不确定性,专家组、上诉机构可能通过对这些规定的解释,违规“造法”。[②] 虽然争端解决不承认“遵循先例”的原则,但是以往专家组、上诉机构的裁定和报告实际上有着极广的影响。这样,专家组和上诉机构对WTO法律的解释会使缔约方认为一种新的法律义务在没有得到他们许可的情况下强加给了他们。可以说,长此以往专家组的做法必然影响WTO与成员方的关系,而且还会影响到争端解决机制的稳定,乃至于改变专家组及上诉机构与成员方之间的权利分配。除此之外,如前所述,“法庭之友”主要是环境组织、劳工组织、保护消费者权益组织等非政府间组织。发展中国家反对“法庭之友”的介入,原因之一是他们认为它会增强那些与发展中国家的政府利益存在冲突(例如在劳工标准和环境问题上)的西方非政府组织的杠杆作用。可见,“法庭之友”书面

---

① PetrosC. Mavroidis, Amicus Curiae Briefs Before the WTO: Much Ado About Nothing, http://www. Jeanmonnetpro-gram. org/papers/01/010201. Html,(2004年7月28日登陆)。

② Stephen P. Croley and Hackson H. John, WTO Disputes Procedures, Standard of Review and Deference to National Governments, 90 American Journal of International Law, 193, 212 (1996).

意见之争,也体现了发展中国家和发达国家在贸易与环境、贸易与竞争和贸易与劳工等问题上不同的价值取向。①

四、综合评价

尽管有其负面的影响,目前,多数学者对于非政府组织参与 WTO,对 WTO 多边贸易体制的促进作用还是持肯定态度的。

首先,非政府组织活跃在全球贸易治理的各种场合,促进贸易规则的执行和平衡 WTO 体制下失衡的利益。非政府组织增强了贸易规则的广泛适用性以及成员方政府贸易管理的能力。很多国家使用非政府组织提供的数据和专业能力来评估自己的谈判地位。在坎昆部长级会议下非政府组织就帮助一些分析能力较弱的国家在谈判中了解发达国家经济的实况。WTO 规则从来都不能脱离个人或非政府组织的支持而存续。保持与非政府组织更广泛和持久的合作,将持续增强 WTO 规则的执行力。非政府组织的参与增进了 WTO 作为一个全球贸易治理组织的民主性和正当性。

其次,虽然非政府组织地域分布的不均衡以及单一价值的追求和缺乏问责的组织会减损他们对国际贸易规则民主正当性的投入,但任何一种治理机制都不可能尽善尽美。我们只能通过改善治理的模式来推动全球贸易治理朝更合理、更正当、更有效的方向前进。客观评价非政府组织对于 WTO 多边贸易体制、对全球贸易的作用和影响,我们仍将得出一个结论——市民社会对国际事务的直接介入是不可扭转的趋势。非政府组织在国际领域的大量出现,表明国家和政府主导的时代已开始进入由

① 芦艳:《非政府组织对 WTO 争端解决机制的介入》,《华东政法学院学报》,2005 年第 2 期,第 27 页。

市场、社会主导的时代,标志着社会权利向社会本身的转移和回归。[①] 非政府组织对国际法的发展,将对全球良好治理提供持久、正面的影响。它们对于全球贸易规则的形成和执行的贡献将随着国际贸易法对其参与权的开放而增长。它们在全球贸易治理中的参与权代表着一种新的国际法民主体制的形成。它们的参与能够丰富国际法规则增进国际法规则的正当性、增强国际法规则的执行力,即便它们在自身体制建设、代表性问题上尚存在一些缺陷。作为引导全球贸易治理的 WTO 不能因为非政府组织参与给贸易治理带来一些挑战和问题,而因噎废食,全盘否定非政府组织长久以来对构建稳定、和谐的国际法体制所作出的贡献。客观的说,从 GATT 到 WTO,世界贸易体制已经从高退出,低话语权的混合机制演变成低退出,高话语权的混合机制。这样的体制需要更成熟的、更开放的参与权分配机制。因此,WTO 应该在承认非政府组织的积极作用的前提下,在一定程度上开放对非政府组织的参与权,并引导非政府组织的行为来尽可能减少其对国际法所产生的负面影响。

最后,我们看到,到目前为止非政府组织对 WTO 的参与依然停留在极其有限的路径。这极大的限制了非政府组织对优化全球贸易体制所可能作出的贡献。非政府组织缺乏在 WTO 下直接的发言权,无法将市民的意见直接反映在 WTO 规则制定中,限制了非政府组织作为国际法规则产生“驱动引擎”的作用。非政府组织也欠缺以争端方或非争端方身份进入 WTO 争端解决程序的权利,从而限制了其监督 WTO 规则执行并保障其有效实施的功能。WTO 甚少主动咨询非政府组织,因此非政府组织也无法为 WTO 的谈判和协商提供专业或技术支持。而更为重要的是,当 WTO 对越来越多的非贸易社会价值产生巨大影

① 肖元恺:《全球新坐标:国际载体与权利转移》,北京:国际文化出版公司,2003 年版,第 106 页。

响时,代表社会价值的市民社会不能对WTO偏向的利益进行纠偏。所幸的是,非政府组织未曾放弃在WTO下参与权的争取。越来越多的学者也意识到非政府组织的参与对于全球贸易治理良性发展的重要性,即便是WTO内部,也出现了支持非政府组织参与的声音。1998年7月,时任WTO总干事的鲁杰罗曾在日内瓦宣布WTO将与非政府组织加强合作。① WTO近年来所进行增强透明度和参与性的体制改革,更为非政府组织更多的参与奠定了体制基础。可以预见,非政府组织更大范围、更深度的参与WTO多边贸易体制的趋势将不可逆转。历史的逻辑告诉我们,只有在非政府组织与WTO多边贸易体制之间构建起一个长效型的稳定的机制,除此之外别无选择。

---

① 1998年7月17日,WTO发布第107号新闻通讯如下:

7月17日WTO总干事鲁杰罗在日内瓦宣布了WTO将与非政府组织加强合作的计划。

鲁杰罗说"我们在与非政府组织的信息交流和意见协商方面取得进展。信息交流和意见协商是我们与非政府组织进行合作的开始,是加强合作的第一步。我们期待着它将为所有的伙伴带来很大的好处。"

自1996年以来,与贸易问题有关的非政府组织应邀参加了WTO部长级会议,以及WID秘书处组织的多次研讨会。鲁杰罗宣布将开始一项计划,即:对外关系部门作为秘书处致力于加强与非政府组织联系的一个部门将定期向非政府组织简要通报WTO各个委员会和工作小组的工作;秘书处将每月把非政府组织提供的有关文件和对某些问题所持见解的意见书以及新闻资料等方面的一览表传递给WTO的132个成员方,并应成员方的请求,将提供文件给它们。

WTO将就非政府组织问题专门开出一个网址有关非政府组织提供给WTO秘书处的文件一览表以及WTO即将为非政府组织举办的研讨会等事宜将显现在这个网上。

鲁杰罗说,WTO于1996年制定了方针来指导它与非政府组织的关系,其中就规定要加快与非政府组织合作的进程。W叩0秘书处在向非政府组织进行通报和磋商方面具有灵活性,可作变通处理。例如,有关争端解决听证会和WTO的会议经成员方一致同意可向公众开放。还有,要更加快速地取消对文件传递的限制。本周开始,WTO成员方就关于今后几个月内对改革放宽限制的政策进行评审。

相关内容可参见参见戴芷华:《鲁杰罗宣布WTO将加强与非政府组织的合作》,《世界贸易组织动态与研究》,1998年第10期。

第四章 非政府组织与主要的政府间国际组织关系模式考察及启示

非政府组织参与 WTO 多边贸易体制有着巨大的正面作用，如果能够建立起一套完备的参与机制，不仅可以进一步发挥这些正面作用，还能起到抑制其负面影响的效果。所谓“它山之石，可以攻玉”，借鉴非政府组织与其他组织现有的关系模式中已有的成熟制度，并结合 WTO 自身的特点，对如何构建该参与机制有重要价值。本节将着重考察非政府组织与其他重要国际组织间的关系模式，为非政府组织与 WTO 多边贸易体制的关系模式构建提供借鉴。

第一节 非政府组织与联合国的关系考察

一般情况下研究非政府组织，对非政府组织进行定义的时候，都要提到《联合国宪章》第 71 条，该条款被认为是国际法律条文上首次正式承认非政府组织的存在。[①] 而联合国作为目前最大的政府间国际组织，在国际政治结构中，具有不可替代的作用，是全球治理的重要主体。

---

① Kerstin Martins, Mission Impossible? Defining NGOs, International Journal of Voluntary and Non-profit Organizations, Vol. 13, No. 3, 2000.

一、关系发展概述

以时间为主线，非政府组织与联合国的关系发展大致可分为三个阶段。第一个阶段是从联合国成立到冷战开始，第二个阶段是冷战时期，第三个阶段是冷战结束后的全球化时期。

（一）联合国成立初期的非政府组织

20 世纪 40 年代，第二次世界大战结束前夕，盟国开始筹划建立新的国际组织，以取代时存的国际联盟。但是因为战争的影响，非政府组织并没有立即参与到新国际组织的筹建工作中。1946 年，战争结束后，联合国制宪会议在美国的旧金山召开。美国为了借助非政府组织的影响，以唤起国内民众对联合国的支持，邀请了 42 个非政府组织的代表作为美国代表团顾问，另外还邀请 160 个非政府组织以观察员身份参加了这次会议。在会上，这些非政府组织就联合国宪章草案提出了四条修正意见，最后通过的《联合国宪章》采纳了他们的部分意见，并在第 71 条中规定非政府组织在经社理事会享有“咨商地位”，这是国际法层面第一次承认非政府组织的地位，并确立了非政府组织与联合国的正式合作关系。五年之后，非政府组织与联合国经社理事会之间的具体咨商办法制定完成。因此，研究非政府组织与联合国的关系，主要是研究非政府组织与联合国经社理事会的关系。

但是由于传统国际政治认为，国家才是主要的国际行为体，[①]非政府组织在宪章中没有赢得参与联合国大会和安全理事会事务的权利；另一方面，经社理事会于 1950 年通过 288B(x)号决议，对申请咨商地位的非政府组织进行了一定的资格限制，使得只有少数地位比较高的国际非政府组织能够影响经社理事

① M. Wight, Power Pol i tics, Leicester: Leicester University Press, 1978: p106.

会的工作。因此,在联合国成立初期,虽然非政府组织的地位在国际法条文上取得了突破,却无法切实有效的参与联合国的事务。

(二)冷战时期

东西方冷战严重影响了非政府组织与联合国的关系。一些指责美国及联合国朝鲜政策的非政府组织被降低甚至丧失了咨商地位,如 1950 年“民主青年世界联邦”被降低地位,“民主律师国际协会”和“记者国际组织”失去咨商地位等,[①]这使得咨商制度作用降入最低谷,非政府组织与联合国的关系也陷入冰点。但是其间,1968 年经社理事会的 1296(XLIV)号决议,增改了关于非政府组织的资金来源、构成的全球性、定期报告制度及取消咨商地位等方面的内容,规定取得咨商地位的非政府组织应致力于联合国经社理事会及其附属机构关注的问题;必须有一定代表性和国际性,能够代表世界不同地区国家中的特定和重要的民间社会构成部分;获得咨商地位的非政府组织可以出席联合国经社理事会会议,提交书面报告,在经社理事会召开会议前发表声明等,这为非政府组织的法律架构、运营方式、组织活动范围以及基本责任设置了基本框架,是对引导和规范非政府组织的发展的有益探索。

冷战后期,进入 20 世纪 70 年代,联合国与非政府组织间关系得到一定缓和,尤其是 1972 年斯德哥尔摩人类环境会议的召开,使联合国逐步认识到非政府组织的影响力正从原来的经济、社会和人权领域扩大发展到环保等新领域,非政府组织在国际活动中有巨大潜力,因此联合国在采取某些行动前,多会听取非政府组织的建议。尤其在人权和环境领域,非政府组织不但成为各种信息的重要来源,还直接的作为许多行动的发起者。到

① 参见王文:“论非政府组织在联合国体系中的地位和作用”,《国际论坛》,1999 年第 6 期,第 10 页。

了80年代,非政府组织更享有了参加政府间国际会议准备阶段的权利,此时,非政府组织和联合国之间的关系开始缓和。

(三)冷战后

冷战结束是联合国与非政府组织关系发展的一个里程碑。非政府组织在联合国的活动日益活跃,其参与的事项也日渐重要。除了联合国经社理事会外,非政府组织在联合国儿童基金会、联合国贸易和发展会议以及联合国原子能机构等20个专门机构获得了咨商地位。1990年10月,联合国大会允许国际红十字会取得大会观察员地位,这是第一个非政府组织获得该地位。到了1992年召开的里约热内卢环境与发展大会,有1500个非政府组织参加;此后,1993年维也纳世界人权大会、1994年开罗人口与发展会议、1995年哥本哈根的社会发展首脑会议、1995年北京第四届世界妇女大会等,非政府组织在这些会议上表现出巨大的影响力。而随着联合国与非政府组织的联系和合作明显增多,原有的咨商规则已经不能满足形势的需要。1996年,经社理事会通过1996/31号决议,对咨商安排的规则进行了一次修订,该决议扩大了对非政府组织的承认范围,将1968年1296(XLIV)号决议规定的国际性扩大为承认各国和地区性的非政府组织,并制定了其参加联合国组织的正式国际会议及会议准备阶段的规则。

随着全球化的到来,非政府组织与联合国关系更加紧密。2000年联合国正式发动全球契约行动,明确要求联合非政府组织,促进联合国的宗旨和目标的实现;而在2002年第五十七届联合国大会上,时任联合国秘书长安南在关于联合国工作的报告中指出,为了减轻贫穷、促进可持续发展、确保人权和加强全球安全,非政府组织与政府各方面之间的伙伴关系是不可或缺的。[①]

非政府组织和联合国之间的关系，从最初的国际法确认，到冷战时期的曲折，到全球化背景下的日益紧密，基本上都反映了各时期的国际政治关系变化，从国际法视野研究非政府组织和联合国关系，则需要对《联合国宪章》第 71 条、经社理事会 288B(x)号决议、1296(XLIV)号决议及 1996/31 号决议相关规定进行解读。虽然从严格意义的国际法渊源考证，经社理事会仅仅是联合国的一个部门，自身没有立法功能，其决议只是建议性文件，对成员国不具有法律约束力，但是其决议的影响力和作用是国际法学者和联合国各成员国均不否认的。并且 288B(x)号决议、1296(XLIV)号决议及 1996/31 号决议实际上是对《联合国宪章》规定的具体化，联合国是具有独立法律人格的政府间国际组织，其宪章是国际法渊源，实践中宪章和这些决议一道对非政府组织与联合国的关系进行规范和调整，因此必须结合起来研究。

二、对《联合国宪章》第 71 条的评价

该条款通过给予非政府组织咨商地位，首次明确承认非政府组织的法律存在，这结束了非政府组织在国际法上的法外状态。联合国的基本章程给予非政府组织的正式承认和给予咨商地位，不仅意味着非政府组织参与联合国事务，具有国际法上的依据，而且意味着对非政府组织参与国际事务权利的一定保护，这是目前国际法框架下与政府组织建立联系，给予一定地位和保护的唯一正式机制。[②]

《联合国宪章》的第 71 条的意义还在于，该条款为非政府

① 安南，加强联合国：进一步改革纲领（秘书长报告），http//www. un. org/Chinese/reform/refordoc. htm.

② 海燕："从国际法视角看联合国与非政府组织的制度化联系"，《北京大学学报（哲学社会科学版）》，2005 年第 4 期，第 140 页。

组织搭建了一个重要的平台，为非政府组织开展活动指明了路径。非政府组织取得咨商地位后，参加联合国有关委员会的活动、联合国召集的国际会议以及联合国其他专门机构的工作，“不仅为联合国传播信息、提供有价值的咨询与建议，协助联合国的工作，还获得了影响联合国决策的便利条件”。[①]

这种互利共赢的关系，为处理非政府组织和其他政府间国际组织的关系提供了范本，就是联合国本身，也如前文所言，将咨商关系复制到非政府组织与联合国其他专门机构的联系中去。

三、咨商关系基本框架

(一)基本规定

当前非政府组织与联合国经社理事会咨商关系的框架，是由经社理事会依据《联合国宪章》第 71 条通过的 288B(x)号决议和 1296(XLIV)号决议确定，并由 1996/31 号决议进一步规范而来的。宪章和决议共同建立了非政府组织与联合国的关系依据。而为具体操作非政府组织在联合国的咨商地位事宜，经社理事会设立非政府组织委员会作为其常设机构，该机构同法律文件一同创设了非政府组织与联合国的制度关系。

上述决议规定：非政府组织通过取得经社理事会的咨商地位进入联合国系统；只要是非政府组织就有可能取得经社理事会的咨商地位；凡不是经由政府间协商而创立的任何国际组织都是非政府组织；“由政府当局指定成员的组织”也可以与联合国建立咨商关系，如果“这种成员资格不干预该组织观点的自由表达的话”；申请咨商地位的非政府组织的业务范围应当与经社理事会及其下属机构的职责契合，其目标应与联合国宪章的精

① 饶戈平：“论全球化进程中的国际组织”，《中国法学》，2001 年第 6 期，第 34 页。

神、目标和宗旨相一致。从这些规定可以看出，联合国对“非政府组织”概念采取了一个相对宽松的标准，对于申请咨商地位的非政府组织，也仅仅是进行宽泛的审查。

（二）咨商关系的内容

经社理事会 1996/31 号决议关于咨商关系，给出了三条指导性意见。首先，强调咨商关系与没有投票权的参与资格不同；其次，要求咨商关系不应加重理事会的工作；最后，强调这种咨商安排应该是双方互惠的。在此基础上，非政府组织的咨商地位被分为三个类别：类别 A 是“关心经社理事会所有活动并经表明能对联合国的成就做出贡献的非政府组织”；类别 B 指“对经社理事会的某些问题具有专门知识与兴趣的非政府组织”；类别 C 为“只关心公众舆论的发展与信息的传播的组织”。[①] 该种分类方式是联合国经社理事会在处理与非政府组织关系中的一个创举，其按照非政府组织在事务中可能起到的作用大小，区别对待不同的非政府组织，能够最大限度的利用不同非政府组织的特性。三类不同咨商地位的非政府组织享有的权利是不同的。类别 A 的非政府组织，又叫具有普遍资格的非政府组织，可以提出会议议程提案，参加听证会并做口头发言和 2 000 字以内的书面报告；类别 B 又叫具有特殊资格的非政府组织，他们无权就经社理事会的会议议程提出提案，其书面报告字数限制为 1 500 字；类别 C 是具有列明资格的非政府组织，只能列席与其工作领域相关的工作会议，或应经社理事会的邀请提交不超过 500 字的书面报告。上述三类非政府组织均没有资格参与谈判和磋商。

咨商关系是一种以互惠为目标的松散型合作，非政府组织的地位与政府和联合国的专门机构是不同的，其并不能直接影响经社理事会的决定。但是这并不意味着非政府组织对联合国

① 饶戈平：《国际组织法》，北京：北京大学出版社，1996 年版，第 98 页。

决策的形成毫无作为。因为按照经社理事会的规定,凡取得咨商地位的非政府组织,都有如下权利:在联合国体系内有合法的政治地位,有权介入决策程序;有权得到联合国的所有文件,获取较高级的政治决策信息,参加联合国的会议;非政府组织工作人员有权与外交官、政治家接触,以院外活动家的身份对各国代表施加影响。上述权利的行使,加上越来越多的政府邀请非政府组织参加草拟会议报告,这都使得非政府组织可以形成强大的"院外外交"攻势,从而间接的左右联合国决策的形成。

(三)咨商地位的资格变动

非政府组织在联合国的咨商地位经申请取得,隶属经社理事会的非政府组织委员会对是否授予咨商资格提出建议。经社理事会依据申请的非政府组织的宗旨和其可能的影响力,给予相应类别的咨商地位。咨商地位取得后并非固定不变的,非政府组织委员会对非政府组织四年一度的工作报告审议后,可以向经社理事会推荐对咨商资格类别进行调整。而一旦非政府组织存在滥用咨商地位,违背联合国宪章宗旨和原则,从事反对联合国会员国的活动;或者从事国际公认的犯罪行为;或者连续三年未对联合国的工作做出实际贡献等三种情况之一,其咨商地位将被中止甚至撤销。[①]

四、非政府组织与联合国关系模式评价

非政府组织通过咨商方式,参与联合国的各种活动,依据自身优势为联合国提供法律、科学、技术和政策分析,在帮助联合国制定决策的同时,也将自己的主张和意愿渗透到联合国的决策中去,从而取得国际法的支持,确实取得了共赢。这方面最著名的例子莫过于自然保护国际联盟(IUCN)。IUCN 是环保领域

① 参见社理事会 1996/31 号决议。

非常著名的一个非政府组织，由多达 8 000 多名技术专家、科学家、政策专家参与，致力于世界自然保护事业。该组织十分活跃，为许多国际环保公约都做出了贡献。“可持续发展”这个概念就是该组织与联合国共同提出的。1980 年 IUCN、联合国环境规划署和世界野生动植物基金合作发表了《世界自然保护大纲》，大纲中提到“保护自然环境是持续性发展的必要条件之一”，自此，“可持续发展”这个概念便问世并逐渐传播开来。①

这种共赢从国际政治学上看，是非政府组织和联合国自身特点互补的结果。联合国是当今世界上最大的政府间国际组织，唯一在全球事务中享有法律权威的全球性政府间组织，但是涉及到具体事务，在各专业领域，联合国并不具有优势，而不同的非政府组织在不同的领域与联合国有着相似的宗旨和目标，具备联合国所不具有的资源，正是联合国开展工作所依赖的对象。

从国际法视角看，这种共赢是联合国在处理其与非政府组织关系，给予咨商地位这一创举的制度优势的结果。联合国关于咨商地位的安排及有关制度明确了如下五个核心要素：一是授予了非政府组织参与联合国活动的合法地位，并界定了其参与活动的范畴和权利，这是非政府组织发挥作用的前提；二是区别了非政府组织参与活动时与其他国际组织的权利地位，没有授予非政府组织缔约权和法律诉讼的权利，限制了非政府组织过分影响联合国的工作；三是给予非政府组织在如出入境签证、获取联合国有关文件等领域一定的特权和豁免，方便非政府组织有效开展工作；四是依据非政府组织的特点对其区别对待，分级管理，有利于最大限度发挥不同非政府组织的各自特长；五是通过规定咨商资格等级的调整、中止和撤销，明确非政府组织所承担的国际法后果，实现对其有效的管理。这些在设计安排非

① 参见王杏芳、孙伯辉、赵军宝：“非政府组织在联合国的影响力及其制约因素”，《中共福建省委党校学报》，2002 年第 3 期，第 67 页。

政府组织与 WTO 多边贸易体制关系时均是值得借鉴的。

第二节　非政府组织与国际法院的关系考察

国际法院自 1946 年成立以来,通过司法活动,在和平解决国际争端方面发挥了一定作用。根据《联合国宪章》第 92 条规定,国际法院是联合国的主要司法机关,而规定国际法院的组织、管辖和诉讼程序等的《国际法院规约》也是《联合国宪章》的组成部分。虽然国际法院是被纳入联合国的体系内,是联合国六大主要机关之一,与经社理事会出于同等地位,但是在处理与非政府组织的关系上,国际法院和经社理事会的做法区别比较大,所以有必要对非政府组织与国际法院的关系进行单独探讨,并与非政府组织同联合国的关系,尤其是与以联合国经社理事会为出发点的咨商关系进行比较。

一、非政府组织在国际法院诉讼程序中的地位

国际法院的管辖和诉讼程序等主要是由《国际法院规约》进行规定的,按照《国际法院规约》第 34 条第 1 款的规定,在国际法院进行诉讼的当事人仅限于国家,负责起草规约的法学家委员会在 1945 年的报告中称:"第 34 条规定只有国家才受国际法院管辖",[①]因此非政府组织在国际法院没有诉权,非政府组织无权以诉讼案件的当事方身份参与诉讼案件。同时,该条第 2 款规定:"法院得依其规则,请求公共国际团体供给关于正在审理案件之情报。该项团体自动提供之情报,法院应接受之",因此,所谓"公共国际团体"可以通过向国际法院情报的方式,

① Raymond Ranjeva. Les Organisations Non Gouvernementales ET la Mise en Oeuvre dy Droit International. Recueil de Hague, vol. 270. Hague: Martinus Nijhoff Publishers, 1999, P50.

和国际法院建立关系。但是首先这种关系并不赋予“公共国际团体”诉讼当事人的地位，在 1945 年法学家委员会报告中，明确表达了该观点，其次，“公共社会团体”在规范国际法院的文件体系内，被解释为政府间国际组织，不包括非政府组织。美国代表团在旧金山会议上，建议法院规约的第 34 条为“法院可以在与其规则相符的情况下要求公共国际组织提供有关案件的情报，并应该接受该组织自动提供的类似情报”，这与最终的第 34 条第 2 款意思是一致的。会议对该条款讨论中，墨西哥和埃及代表提出对“公共国际组织”进行解释，委员会主席费慈莫瑞斯说道：“它只包括以国家作为成员的组织，而排除科学协会等类似国际团体。”[①]美国代表团的建议得到通过，第 34 条中“公共国际组织”在立法时候的本意就不包括非政府组织。而《国际法院规则》第 69 条(4)更是直接将“公共国际组织”定义为“政府间国际组织”。同为规范国际法院的文件，考虑到法律间的衔接问题，该条款适用于对《国际法院规约》第 34 条的解释。此外，国际法院在其实践中，也否定了非政府组织向法院提供情报的做法。作为在经社理事会中取得咨询地位的国际人权联盟，曾经试图依据第 34 条的规定，向国际法院提供情报，但是遭到法院拒绝，理由就是国际人权联盟不是第 34 条所称的“公共国际组织”。[②] 无论是立法史，还是《国际法院规则》的规定，包括法院的实践，都表明非政府组织无法通过向法院提供情报的方式与国际法院建立联系。

综上所述，非政府组织在诉讼中既没有诉讼当事人的地位，也不能向法院提供情报，和国际法院没有任何法律意义上的关系。

---

① Dinah Shelton. The Participation of Nongovernmental Organization in International Judicial Proceedings, American Journal of International Law, October 1994(88), P622.

② 此案即著名的“庇护权”案，案情介绍见中国人民大学网站，网址：http://jpkc.rucil.com.cn/article/default.asp? id=41，(2007 年 9 月 3 日登陆)。

二、诉讼程序中的咨询地位

关于咨询地位,《国际法院规约》是这样规定的:"书记官长应以特别直接的方式通知法庭(或法院不开庭时,院长)所认为对于咨询问题能供给情报之有权在法院出庭之任何国家,或能够提供情报之国际团体,声明法院于院长所定之期内准备接受关于该问题之书面陈述,或准备与本案公开审讯时听取口头陈述。"[①]该条文说明接受咨询的对象是国家和"国际团体",接受咨询的程序是经书记官长或院长通知,提供咨询方式为书面陈述或口头陈述。因为这里接受咨询的对象用词为"国际团体",与诉讼程序中可以提供情报的"公共国际团体"用词是不同的,所以有观点认为,对"国际团体"的理解应当与"公共国际团体"区别,不能做《国际法院规则》第69条同样的理解;"国际团体"包括非政府组织,非政府组织据此在国际法院具有咨询地位。也有相反的观点认为,此处仍然做狭义解释,不应包括非政府组织。

对于两种观点,笔者倾向于前者,即非政府组织在诉讼程序之外,可以通过咨询的方式间接参与到国际法院的工作中去。理由有二:

第一,从法律文本解释来看,在一部法律的不同条文中所出现的相同词汇应做相同的解释,[②]反之亦然,除非这部法律或其制定主体对此有专门说明。《国际法院规约》和委员会对是否将《国际法院规约》第66条中的"国际团体"与第34条的"公共国际组织"做同样解释没有做出专门的说明,则二者的解释应当是不同的。在国际法上,所谓"国际团体",无外乎广义和狭义两种,广义的包括国际性的政府组织和国际性的非政府组织,狭

① 见《国际法院规约》第66条(2)。

② 法律语言一致性的要求,参见胡范铸,"基于'言语行为分析'的法律语言研究",《华东师范大学学报:哲学社会科学版》,2005年第1期,第19页。

义理解只包括国际性的政府组织，即上文费慈莫瑞斯所说的“以国家作为成员的组织”。既然规约中的“公共国际团体”已经选取了狭义理解，“国际团体”就须做广义理解。

第二，立法历史表明，在咨询地位的问题上，规则编撰者的态度一直在软化。在国际常设法院时期，《国际常设法院规约》的条款中，不仅非政府组织，即使政府组织也不能参与咨询。1922 年，《国际常设法院规则》第 73 条被修改并通过，条文为“书记官长立即要求咨询意见的申请通知法院当事国、国联成员国以及承认国联盟约的国家。接到通知的国际组织可以提供相关情报”，国际组织参与咨询成为可能。1929 年，法学家委员会编撰《国际法院规约》时建议将有关咨询的问题编入规约，但此后法学家委员会在建议修改第 66 条时，不知出于何种原因，没有提到国际组织，这遭到了国际劳工组织的批评：“规则第 73 条曾考虑到相关国际组织参与咨询程序，法学家委员会建议的规约第 66 条和第 67 条不再认可这些组织的参与。这一废除是令人遗憾的。”①最终，《国际法院规约》编撰者保留了关于国际组织参与咨询的规定，但是未对国际组织是否包括非政府组织进行说明。这便引发了国际法院中非政府组织咨询地位的争执。但由于之前的国际常设法院曾经四次请求或接受国际劳工组织代表或工会代表提供意见的事实，争执的焦点并不在于是否给予非政府组织咨询地位，而是在是否区别对待非政府组织，给予国际劳工组织更多的权利。此后 1970 年和 1976 年，联合国两次修改《国际法院规则》时，在非政府组织问题上同样出现分歧，分歧焦点于是否区分非政府组织与政府组织接受咨询的形式，即非政府组织只能应法院要求提供情报，而政府组织还可主动提供情报。该分歧的实质与 1929 年的争议共同之处在于，它们都默认非政府组织能够参与咨询这个前提，只是对接受咨询

---

① Raymond Ranjeva. Les Organisations Non Gouvernementales ET la Mise en Oeuvre Dy Droit International. Recueil de Hague, vol. 270. Hague: Martinus Nijhoff Publishers, 1999, P55.

的方式等有不同理解。虽然这些分歧至今未能通过法律文件的形式予以统一，但至少能够表明无论是立法者还是专家都认可将非政府组织纳入国际法院的咨询程序。实践中，也确实存在非政府组织向国际法院提供咨询的案例，例如在“核武器威胁或适用的合法性咨询案”中，日本医生协会就要求提交报告，向法院声明其反对核武器的主张。国际法院接受了该协会提交的报告，并将其作为国际社会对核武器态度的证据和全球人民共同的愿望，在审理案件时予以考量。

三、咨询关系与咨商关系比较

在处理与非政府组织的关系问题上，国际法院是给予非政府组织咨询地位，而同为联合国机构的经社理事会等给予的是咨商地位，这不仅仅是措辞或者翻译的不同，两种关系模式从效力来源到具体的运行都有很大的差异。

（一）效力来源

前文已经提到非政府组织在联合国的咨商地位有两个来源，一是来自《联合国宪章》第 71 条的规定，一是经社理事会依据《联合国宪章》而通过的决议。前者是具有独立法律人格的政府间国际组织基本章程的授权，虽然这种授权同成员国直接授权存在差异，但是《联合国宪章》的国际法渊源地位使得这种授权具有国际法上的效力；后者是联合国法律体系的组成部分，属于广义上的国际法范围。这两个来源分别是原则性规定和对原则的细化，国际法完整而明确的给予了非政府组织在联合国经社理事会的咨商地位，这在理论界和实践是毫无争议的。反观非政府组织与国际法院的关系，《国际法院规约》第 66 条(2)并没有出现“非政府组织”的字样，取而代之的是“国际团体”这一广义、狭义理解皆可的词汇，并且在其他相关文件中对此也没有做出明确的解释。虽然笔者认为“国际团体”此处应广义理解,但毕竟没有权威认可,而在立法过程以及实践中,争议也是存在的。相较咨商地位,非政府组织在国际法院中的咨询地位效力来源是有瑕疵的,至少是不明确的。

（二）权力运行

经社理事会关于咨商关系的决议,从咨商地位的取得、变动、取消到权利的具体内容和实施方式都进行了清晰而具有操作性的规定。例如,咨商地位的取得,首先由希望获得咨商地位的非政府组织以书面方式与联合国经社理事会下属的非政府组织科进行联系。非政府组织科会邮寄出一个包括相关问卷在内的申请材料包。每年 6 月 1 日前,申请者必须提交正式的申请,由非政府组织科将申请材料转交非政府组织会进行审批。非政府组织委员会每年举行两次会议审议申请,之后向经社理事会提交关于推荐某申请人取得咨商地位以及咨商地位类别的建议。[①] 经社理事会全会做最终决定。其他关于咨商权利的行使和咨商地位变动的规定,也是非常详尽的,这在前文介绍联合国与非政府组织关系时已经提及,不再赘述。可以说,非政府组织在联合国的咨商地位的整个运行过程都是有规则可以遵循的,连贯性的,制度化的,同等条件的多个非政府组织不会受到区别对待。

反观咨询地位,姑且搁置“国际团体”的争议,其具体的实施程序因受法官的自由裁量权限制而具有不可知性,个案间区别明显。首先,法官的自由裁量权体现在提交咨询的时间上,《国际法院规约》第 66 条(2)规定:“……声明法院于院长所定之期限内准备接受关于该问题之书面陈述,或准备于本案公开审讯时听取口头陈述。”当中“院长所定之期限”究竟是多长,期

① 甘锋、叶江:“NGO 进联合国:一个不容忽视的问题”,《世界知识》,2007 年第 17 期,第 34 页。

限是否可以变更,这只有在具体案件中方能知道。在1950年的西南非洲国际地位案件中,国际法院就拒绝采纳了国际人权联盟的书面报告,拒绝的理由之一便是国际人权联盟迟延提交报告。其次,更为关键的是《国际法院规约》第68条的规定,将法院在咨询中的自由裁量权推到了极致:"法院执行关于咨询意见之职务时,并应参照本规约关于诉讼案件条款之规定,但以法院认为该条款可以适用之范围为限。"这样,法院完全可能援引该条款,通过适用《国际法院规约》第34条中,将解释第66条(2)的"国际团体"限制解释为政府间国际组织。如此看来,某一非政府组织是否能和国际法院建立咨询关系,并没有一个明确的标准,很大程度上取决于国际法院对个案情况的考虑,缺乏参照性和制度性。

四、咨询关系评述

(一)咨询关系的合理性

总的说来,咨询关系较咨商关系的不确定因素更多,非政府组织在国际法院活动受到的限制更多。国际法院选取咨询模式处理其与非政府组织间的关系,主要理由在于,传统观点认为,因为国际关系本质上是国家间的关系,理应由主权国家和国家组成的政府间国际组织在国际舞台上扮演主角,所以对非政府组织的地位重视不够。此外,国际法院的管辖权是基于国家间的协议,某一具体案件中,如果有第三国未经当事国同意而介入诉讼,当事国可能不会将案件提交给法院。非政府组织过多参与,即使怀着友好的心态,提供专业信息给法院,可能会造成或加重某当事国的不利地位,从而影响国家将案件提交国际法院。

(二)咨询关系的弊端

若将国家扮演国际关系主角和防止影响案件提交看作咨询关系的“利”,则其弊端也非常明显。国家并不能扮演国际关系中所有的角色,非政府组织的专业性、灵活性和“非政治性”注定其应当在国际关系中存在,并且这种存在是客观的,非政府组织积极参与国际活动,尤其是国际司法活动的事实不容忽视。此外,司法机关本质的功能就是公正的解决争端,国际法院也不例外。那些具有专业知识背景的非政府组织,参与国际法院活动有助于法院以最好的方式解决争端;而更多的非政府组织,尤其是以公共利益为出发点的非政府组织参与案件,有利于案件结果在更广泛的范围内被尊重。显然,目前的咨询关系还不能也无法成就前述结果。

所以,以提升非政府组织在国际法院中的地位为目标,改革国际法院的呼声正在出现,已经有学者呼吁让非政府组织更多参与国际法院活动,使其成为真正的“法庭之友”。[①]

第三节　非政府组织与国际刑事法院的关系考察

前文提及改革国际法院,让非政府组织更多参与国际法院的呼声,其中就有观点认为,这种改革可以借鉴学习其他国际司法机构的做法,让非政府组织以“法庭之友”的身份活跃于国际法院的活动中。笔者便以国际刑事法院为例,分析“法庭之友”模式。

① 参见钟继军:“加强非政府组织在国际法院中的地位”,《2006 年中国青年国际法学者暨博士生论坛》。

一、法庭之友概述

（一）“法庭之友”的历史源流

“法庭之友”制度原是一项国内法制度，最早可以回溯到古罗马时期。[①] 当时因为知识传播速度和范围的限制，法官们处理案件，面对各种专业性问题，搜集资料非常困难，只能求助于各种专业人士，以最大限度的接近案件的本来面目，从而实现公正。这便是“法庭之友”的雏形。近现代以来，随着科学技术的日新月异，专业性问题愈发深刻化；同时，利益的多元化和各种利益团体之间联系的紧密化，要求有人提醒司法机关在个案中不能忽视特定人群或社会的长远利益，便诞生了现代意义的“法庭之友”，即指对某个特定案件的争端实施或者法律问题具有专业特长，或者独到见解的人或团体，该人或团体通过主动或应法庭要求向法院提交报告的方式，利用其特长或见解帮助法庭查清事实或应用法律。“法庭之友”不是诉讼的争端一方，但法庭对相关问题的处理在将来某天可能对其产生影响。“法庭之友”制度最早在英国成型，后经美国移植，经 1821 年的 Green 诉 Biddle 案[②]确立，后又有一系列判例和《联邦上诉程序规则》完善，蓬勃发展起来。国际组织出现后，个人和非政府组织认识到国际组织的作用，逐步要求参与国际组织活动，其间，“法庭之友”这种合作模式被引入，从而在国际法上出现了“法庭之友”。

---

① 翁国民：《“法庭之友”制度与司法改革》，北京：法律出版社，2006 年版，第 7 页。或者参见前述第二章相关内容。

② 此案是有关肯塔基州与联邦政府的一起土地所有权争端。联邦下级法院认为该土地所有权人是联邦政府，因此没有采纳诉讼外第三人即州政府的意见。对此，肯塔基州政府指示州检察长亨利以法庭之友的身份，请求联邦最高法院重新审理此案。联邦法院接受了该请求。

(二)“法庭之友”与咨询地位比较

前文提及的非政府组织与国际法院间的咨询关系,其产生的一个重要原因就在于国际法院需要借助非政府组织在某些专业领域的优势或某非政府组织认为案件结果与其宗旨息息相关,这和“法庭之友”的实质内容大致一致。但是因为咨询地位授权条文表述的瑕疵,以及《国际法院规约》给予法官较大的自由裁量权,使得这种咨询关系不具有“法庭之友”的制度形态。并且,非政府组织在国际法院中的咨询地位仅限于咨询程序,而无法进入诉讼程序,介入范围小于“法庭之友”,所以二者是不同的。

二、非政府组织与国际刑事法院关系

(一)历史考察

早在 1872 年 1 月 3 日,著名的国际非政府组织红十字国际委员会的创始人之一,时任红十字委员会主席的莫伊尼尔便在红十字国际委员会的一次会议上提出,应当以条约的形式建立一个国际刑事法院,以惩处违反 1864《日内瓦公约》的犯有严重罪行的人。这是建立国际刑事法院思想的第一次提出。[①] 此后的 100 多年里,非政府组织,尤其是关注人权,为公共利益奋斗的国际非政府组织一直在不遗余力的积极推动国际刑事法院的建立。国际法协会于 1980 年和 1984 年,在吸取《凡尔赛合约》、1922 年《国际刑事法院规约》草案、1937 年国联《关于建立国际刑事法院的日内瓦公约》等法律文本经验的基础上,研究了前南斯拉夫和卢旺达国际刑庭运作模式,起草和修改了《国际刑事法

① 李世光、刘大群、凌岩:《国际刑事法院罗马规约评释》(上册),北京:北京大学出版社,2006 年版,第 2 页。

院规约》草案。[①] 1989 年起，美国律师协会等团体加入推动建立国际刑事法院的努力工作中。1994 年，联合国国际法委员会起草并多次修改的《国际刑事法院规约草案》完成。1995 年，联合国大会设立国际刑事法院预备委员会，邀请联合国所有成员国、各种国际组织以及多个非政府组织参与讨论，以制定出可被广泛接受的《国际刑事法院规约》。同年，6 个非政府组织在纽约成立了“非政府组织支持国际刑事法院联盟（CICC）”，该组织不断发展壮大，现已有超过 2000 个非政府组织参与其中，包括大赦国际、国际人权联盟、人权观察、国际法学家委员会、人权律师委员会、环球行动议员组织、国际联邦者联盟以及通过正义维持和平等著名非政府组织。CICC 这个非政府组织的集合体在谈判的全过程中，利用其组成成员在联合国取得的咨商地位，通过提供信息、传播消息、四处游说等方式，不遗余力地为规约的顺利制定营造有利环境。《国际刑事法院规约》（《罗马规约》）的最终通过，非政府组织功不可没，也是非政府组织在联合国咨商地位作用的一次显现。[②]

（二）非政府组织在国际刑事法院中的法律地位

虽然非政府组织全力推动了《罗马规约》的诞生和国际刑事法院的建立，但是其在国际法院处并未取得投票权资格，《罗马规约》第 38 条明确规定，非政府组织不是国际法律规则的直接创造者。有观点认为，最终通过的《国际刑事法院规约》，当中承认国际刑事法院检察官的作用和独立性，将性犯罪纳入《罗马规约》管辖等条文，正是国际刑事法院联盟和红十字国际委员会一直以来积极推行的观点。上述内容被写入规约，表明非政府组织还是影响了国际刑事法院法律规则的创造。笔者对此表示赞同，因为国际政治的复杂性，使得非政府组织工作的成效无

① 高燕平：《国际刑事法院》，北京：世界知识出版社，1999 年版，第 24—25 页。
② 鄂晓梅：“国际非政府组织对国际法的影响”，载饶戈平主编《全球化进程中的国际组织》，北京：北京大学出版社，2005 年版，第 110—111 页。

法量化，一旦当规约的表述与非政府组织的观点一致，至少客观上该规则的适用与非政府组织直接参与制定同样内容的条文效果相同。所以，非政府组织在国际刑事法院，有间接创造规则的作用。

另外，《罗马规约》第 15、54 和 64 条规定，国际刑事法院在调查和审理案件中，可以向非政府组织提出了解情况的请求，而缔约国应使这些组织按照请求提供有关情况，甚至作证。在实践中非政府组织已经向法院检察官办公室提供了大量关于有关案件细节及被调查者的政治、历史背景等报告和信息，帮助检察官了解案情，进而决定国际刑事法院是否有管辖权。例如国际刑事法院检察官奥坎波就表示，从 2002 年 7 月到 2003 年 7 月间，国际法院收到的近 500 个情势中，很多来自非政府组织。在审判和上诉程序中，国际刑事法院《程序和证据规则》更是明确规定了“法庭之友”制度。对作为“法庭之友”的组织性质，《程序和证据规则》并未做任何限制，唯一要求是基于“对案件做出正确决定的需要”。2003 年的《罗马规约》缔约国大学的第二次会议上，甚至通过了一个决议，正式认可非政府组织，尤其是 CICC 的强有力作用。[①]

非政府组织在国际刑事法院中取得的这种提供信息，包括诉讼程序中明确的“法庭之友”地位和证人地位，相较其在国际法院中的咨询地位，显然权利要更多，这是其推动国际刑事法院建立过程中所做出巨大贡献的必然结果，也和国际刑事法院性质息息相关——作为一个缔约国组成的国际社会机构，有着结束犯有严重罪行的犯罪分子个人逍遥法外的状况，并威慑潜在的、甚至身居高位者的严重犯罪的重要作用，[②]因此它在很大程度上要依赖世界的公民，以及由非政府组织等组成的全球市民

---

① Tullio Treves, Civil Society, International Courts and Compliance Bodies, T. M. C. Asser press, 2005, P125—126.

② 赵海峰、宋建强：“国际刑事法院——国际司法体制的重大进展”，《人民司法》，2005 年第 1 期，第 9 页。

社会的合作。[①]

第四节　非政府组织与世界银行的关系考察

布雷登森林体系的世界银行集团，是一个全球性的经济组织，与WTO保持着密切的联系，世界银行集团于非政府组织的合作模式对整个WTO多边贸易体系选取何种形式与非政府组织进行协作，非常有借鉴价值。

一、双方合作的历史考证

在20世纪80年代以前，由于国家、政府主导国际组织观点的限制，世界银行与非政府组织鲜有合作。进入80年代后，世界银行主张民众参与发展，非政府组织较高可信性，能够较好的反映其所代表的意愿，有创新精神和开拓精神等特点，恰好可以满足广泛参与和发展的可持续性，因此双方合作逐渐增多。1982年，世界银行设立世界银行联系委员会，委员会由26个非政府组织的领导人和世界银行的高级官员组成，其中各自派出一名代表主持工作。1984年，世界银行在内部设立非政府组织工作小组，每年进行一次会议，讨论世界银行的各项政策。1987年，非政府组织委员会公布《圣多明各一致统一结论》，文件内容涉及多方面加强非政府组织和世界银行的合作，这标志着双方的合作进入新的阶段。1990年，世界银行对1989年非政府组织工作小组的报告作出回应，承认非政府组织工作小组为自治的团体，双方继续保持交流和合作的关系。到了90年代以后，世界银行与非政府组织的合作日趋紧密。如1993年，《世界

① Andrea E. K. Thomas, Non-governmental organizations and the international criminal court implications of Hobbes´theories of human nature and the development of institutions for their evolving relationship. 20 Emory Int1L, Rev. p435.

银行实施导则 14.70》制定，明确规定非政府组织在世界银行援助活动中的参与权。

二、合作的形式

世界银行与非政府组织的合作，是一个越来越紧密的过程，合作的方式也具有多样性，主要存在四种协作联系机制：政策性对话机制、操作性合作机制、研究和分析合作机制和世界银行对非政府组织的支持机制。

（一）政策性对话

这个机制正式创立的标志就是 1982 年世界银行联系委员会的成立。委员会为世界银行的高级官员同非政府组织的代表提供了一个定期对话的正式场所。双方固定每年举行一次会议，讨论双方共同关心的议题。该委员会还不定期的在发展中国家召开区域性会议，以同发展中国家的非政府组织进行更多对话。政策性对话的目的在于加强非政府组织与世界银行的联络与理解，促进双方之间的信息交流，设计安排双方合作的新途径以及在新的领域下安排双方的合作。这种提供固定平台的在世行的下属机构中也存在，例如世界银行的农业研究咨询组就在 1996 财政年度建立了一个非政府组织委员会，任命了 12 个来自非政府组织的委员，为其提供政策咨询。除了委员会这个固定的对话平台外，世界银行还在各国的世行使团中任命专职联络官员，负责与非政府组织联系合作，倾听他们的意见。世界银行同非政府组织在不同层面的对话，内容涉及方方面面，包括环境、妇女、结构问题、社会发展、民众参与、债务和信息公开等。

（二）操作性合作机制

操作性合作主要存在于世界银行的援助活动中。世界银行对建立操作性合作机制的理由及内容表述如下:“非政府组织已经表明,它们所主持的发展项目通常能够比由政府管理的发展项目更有效的接近穷人,当非政府组织介入早期阶段的项目准备的情况下尤其如此。在考虑政府对此问题的敏感性的条件下,银行的政策是鼓励项目管理者吸引适当的非政府组织介入项目,如争取让社会基层组织和穷人中的自助组织参与项目的确定、设计、筹资、实施,以及监督和评估”。[①]

双方的正式操作性合作开始于1981年,世界银行专门下发了指导文件,确定在扶贫和农村发展方面引进非政府组织,参与项目的实施。其发布的《操作指导》为操作性合作确立了框架。非政府组织与世行的操作性合作具体形式多种多样,例如非政府组织参与发展项目,世界银行给出的方式有:就发展问题提出建议;就发展项目的确定提出建议;就发展项目的设计提出建议;共同资助发展项目;实施发展项目;输送资金;对发展项目进行监督与评估,以及对项目人员进行技能培训。

(三)研究与分析合作机制

世界银行鼓励非政府组织参与世界银行主持的各种关于发展问题的研究工作,双方共同研究世界银行的活动,例如对发展问题进行政策分析,对经济发展的前景进行预测,对贫困的评估,对发展活动的社会效应和环境后果作出评价等。

(四)对非政府组织的支持机制

在双方操作性合作下,世界银行的很多项目通过非政府组织参与实施,例如1993年巴以达成和平协议后,有1 000多个非政府组织在世界银行的指导下,在巴勒斯坦活动,为巴勒斯坦提供国际援助,帮助提供当地必须的卫生保健、教育以及其他的

① 赵黎青:“非政府组织同世界银行的协作机制”,《世界经济研究》,1999年第5期,第17页。

社会服务等。世界银行对非政府组织存在有一定的依赖度，世界银行会通过某些措施支持和促进非政府组织的发展。同时，对发展中国家和不发达地区的扶贫是世界银行的一个重要功能，其某些发展和扶贫项目的对象就直接是非政府组织，其中最为著名的例子就是 1987 年起，世界银行开始向发展中国家发放一种"社会基金"，资助当地的非政府组织，支持它们从事满足当地需要的一些小规模活动，如社会和经济基础设施、教育和卫生保健等。

三、对非政府组织与世界银行关系的评价

世界银行与非政府组织之间的关系，是本研究报告所考察的几种关系模式中最具有多样性的。这和世界银行促进全球经济发展，尤其是致力于发展中国家发展活动的定位具有一定关系。世界银行所执行的项目，对项目所在地的社会、经济政策都具有重要影响，需要更多的力量参与其中，而非政府组织恰好能够满足世行的这些需要，所以双方进行了多种形式的合作。但是从法律层面看，非政府组织在世界银行取得的地位并不超过其在联合国、国际法院或者国际刑事法院所取得的地位。

首先，双方的政策性对话和分析合作，本质上是一种咨询的地位。即世界银行通过文件形式给予非政府组织接受咨询的可能，从非政府组织处获取信息、情报，听取非政府组织的相关建议。咨询的内容可能涉及多方面，然而具体在决策中，由于世界银行仍然恪守成员方政府主导，采取俱乐部式运作进行决策，没有给予非政府组织表决权，因此非政府组织的意见只是考虑因素而非决定因素。1989 年，非政府组织工作小组制作了一份工作报告，要求世界银行修正对发展中国家体制改革的要求，更关注发展中国家的内部需要，并要求介入世界银行政策的形成阶段，这遭到了世界银行的全面批驳。工作报告的内容表明，非政

府组织无法直接决定世界银行的政策；工作报告的遭遇表明，非政府组织的意见和建议不能直接启动任何程序，世界银行仅仅是参考其意见。

其次，双方的操作性合作和世界银行对非政府组织的支持和参与，不具有国际法上的任何意义。非政府组织不会因为参与世界银行的项目或接受世界银行的资助而取得国际法主体资格。这种参与和接受往往是通过经济合同的形式进行，只具有民商事法律意义。例如世界自然基金（WWF）参与世界银行在巴基斯坦的一个自然资源管理项目，形式便是世界银行与 WWF 缔结的一份项目合作合同，将项目移交 WWF 运作。在合同中，世界银行体现的是其合同法主体资格，而非国际法主体资格，也就不会因为这次合作而赋予 WWF 这个非政府组织国际法主体资格。

第五节　非政府组织与欧盟的关系考察

欧盟关于与非政府组织的关系安排，最早见于 1951 年的一份决议，规定："部长理事会可代表欧洲理事会，就欧洲理事会管辖范围内的事项与国际非政府组织机构做出适当的安排"。该条款明确由部长理事会负责处理欧盟与非政府组织的关系，但是缺乏具体事项的规定，具有模糊性。1993 年，欧盟通过 93（38）号决议，将非政府组织在参与欧盟活动中的地位描述为"咨询"。2003 年，《国际非政府组织的参与地位决议》和《国内非政府组织的合作者地位的决议》被通过，进一步明确了非政府组织的参与。

一、咨询地位

（一）内容

非政府组织在欧盟的咨询地位首先需要欧洲理事会认可。获得咨询地位的非政府组织可以参加部长常设理事会的会议。此外，没有获得咨询地位的非政府组织经常设理事会授权，也可以参加与其能力相符合的会议。非政府组织参与会议主要的权利和义务在 2002 年《迈向加强咨询和对话的文化——委员会同利益方咨询的一般原则和最低标准》被原则性表述为：具有参与性、公开性、问责性、有效性和连续性，具体为：首先，咨询程序必须有清晰的内容，特定信息必须公开，咨询文件应当涵盖文本的摘要，咨询的范围和目的，相关细节等；其次，被咨询的对象包括与所咨询事项有直接影响的实体，以及对事项具有专业经验和特殊知识的团体；第三，委员会须对所咨询事项有足够的认知；第四，委员会应给予被咨询对象足够的时间准备和回答问题；最后，收到的意见必须给以回执，明确是否、在什么程度上将意见接纳。非政府组织取得咨询地位后应当持续了解欧盟活动发展，向欧盟不同部门提交信息、观点和文件，促进并宣传欧盟，每四年向秘书长提交书面报告，如果某获得咨询地位的非政府组织未能执行上述规定的义务和责任，秘书长可以决定将其从咨询地位名单中删除。

（二）评价

非政府组织在欧盟中的咨询地位同样没有投票权，只有表述意见的权利。非政府组织同样只能间接的影响相关决策的制定。同在联合国中非政府组织的咨商地位类似，咨询地位也可能丧失。但较之联合国分类别对非政府组织进行管理，列举不同类别的非政府组织的不同参与程度的模式相比，欧盟的模式最大的创新性在于明确了非政府组织参与决策的最低标准，即通过回执程序确认非政府组织意见是否被采纳以及被采纳的程度。

二、非政府组织参与欧洲法院活动

欧盟除了其决策机制外，还有通过欧洲法院建立的争端解决机制。非政府组织参与欧洲法院活动的模式比较特殊，除了常见的“法庭之友”身份外，非政府组织还可以直接向欧洲法院提起诉讼。

（一）法庭之友地位

《欧洲法院规章》和《一审法院规则》中没有明确对非政府组织的“法庭之友”身份予以规定，仅仅是《欧洲法院规章》第40条允许证明自己与案件结果有利害关系的任何个人经申请向法院提交意见书，说明介入的目的和理由，表达自己的意见，但仅限于支持一方意见为限。因此从授权条文而言，非政府组织在欧盟的“法庭之友”地位不甚明确。欧洲法院司法实践的反复也表明欧盟给予非政府组织的“法庭之友”身份未能制度化。1973 年 generale sucriere V. the commission 案中，欧洲法院同意“意大利国家消费者联合会”介入案件，[①]但 1981 年，法院又在 ludwigshafener walzmuhle erling kg V. European economic community 案中拒绝了非政府组织的介入。[②]

① 该案涉及到意大利市场竞争问题。“意大利国家消费者联合会”申请介入案件，以代表意大利消费者提交在本案中的意见。欧洲法院认为，该组织旨在保护消费者享受自由竞争和自由选择的好处，因此它对于本案是否正确适用欧盟竞争法规则存在利益关系。法院声称：由于联合会在代表并保护消费者时是客观的，它体现出对正确适用欧共体竞争法规定的利益关系，不仅确保共同市场正常运转，并且倾向对消费者有利……因此，正因为它支持欧共体保护意大利市场的意见，它的介入权应被允许，参见 Ludwigshafener Walzmühle Erling KG v European Economic Community. Joined cases 197 to 200/80, 243.

② 该案中，申诉方所涉行业的工会申请介入到该案中，理由是法院若作出对申诉方不利的决定，即允许从非成员方进口的“多伦小麦”并进行价格固定，则可能导致申诉方所聘用的大量技术工人丧失工作。但法院最终拒绝了工会的申请。认为：本案中，可申请介入的应为由于欧共体不适当固定多伦小麦价格遭受损失获得赔偿的个人。申请的行业工会对本案赔偿数额的多少并没有直接的关系。

（二）直接诉权

非政府组织在欧盟的司法过程中，较之参与国际法院等组织的活动相比，有一项独特的权利——起诉权。

非政府组织在欧盟的起诉权是由 Van genden loos V. nederlandse administratie der belastingen 案件[①]确定的。在该案中，欧盟法院认为，如果欧盟法不仅影响到了成员国，还影响到了成员国的国民，则国民应该有提起诉讼的权利，因此说道："欧盟构成国际法中一个新的法律秩序，各成员国限制了自己的主权……该法律秩序的主体不仅包括成员方还包括它们的国民。……欧盟法因此不仅对个人施加义务，还赋予它们权利……这些权利不仅存在于条约明确授予的地位，而且还因为条约在明确限定的范围内对个人施加了义务，如同对成员方和欧盟组织施加义务一样"。也就是说，任何欧盟成员方的国民，包括非政府组织在成员方违反欧盟法时，可以向欧盟成员方一样，取得向欧盟法院提起诉讼的权利。此案过后，非政府组织，尤其是环境保护组织经常据此行使诉权。

非政府组织在欧盟的诉讼权利是独特的，在其他组织中不曾享有的。这是因为欧盟在发展过程中，各成员方之间的联系已经超越了最初以契约为基础的合作关系，而是呈现出非常明显的宪政化发展趋势。欧盟更类似于一个联邦政府，而不是一个国际组织。因此，非政府组织在欧盟的诉权并非国际法意义上具有的主体资格的延伸，而更像是一种国内法上的权利。此外，正如欧洲法院所言，欧盟法不仅对成员国家施加了义务，也对个人包括非政府组织施加义务，产生影响，此时如果欧盟法体

① Van Gend en Loos 是荷兰一家海运公司，从德国进口脲甲醛运到荷兰境内，被荷兰海关征收了进口税。原告认为这违反了《欧共体条约》第 12 条（现在是第 25 条）建立共同市场的规定，因此 Van Gend en Loos 诉到荷兰关税委员会要求退回已缴纳的关税。关税委员会认为它没有执行非荷兰法的权利，因此将争端提交到欧洲初审法院要求解释成员方关税委员会是否构成《罗马条约》（即《欧共体条约》）第 177 条（现在是第 234 条）所言的法院或法庭，进而解释关税委员会的决议是否具有可争议性，可否向欧洲法院起诉。

系内不给予个人诉权，将可能出现权利被侵害而无法通过诉讼得到司法保护的不公正结果。

第六节　非政府组织与主要的政府间国际组织关系模式对参与 WTO 多边贸易体制的启示

处理非政府组织与 WTO 多边贸易体制的关系，就是非政府组织如何与 WTO 多边贸易体制的合作。而非政府组织自出现以来，积极热衷国际政治经济活动，无时无刻不在找寻机会参与国际组织的活动，因此要规范非政府组织与 WTO 多边贸易体制间的合作，主要应立足于 WTO 角度，从 WTO 如何规范非政府组织的参与入手对如何处理二者的关系进行考量。而 2005 年《桑德兰报告》曾说道，其他组织与非政府组织的合作可以为 WTO 借鉴。下面就来分析，前文提及的联合国、国际法院、国际刑事法院和世界银行以及欧盟在处理与非政府组织合作上究竟有哪些值得借鉴的地方。

笔者认为，第一，纵观非政府组织与所考察的其他组织，在参与决策的时候，均没有取得投票权，这首先是和国际法主体资格确定的严格性有关。国际法主体有三个条件，独立参加国际关系，直接承受国际地位上的权利和义务，独立进行国际求偿。非政府组织在国际法上因为没有专门的国际条约对其定义和规范，其法律人格和地位仍然是不确定的，尚存有争议。非政府组织越来越多参与国际政治、经济活动，其影响力日趋扩大，于是出现了给予非政府组织国际法主体资格的呼声。但非政府组织在国际事务中是以一种功能性主体的面貌出现的，它们能够在自己的宗旨和目标下，推动国际社会的发展和变革，却缺乏承担国际法上义务和国际法责任的能力，其独立性也存疑。早在国际刑事法院制定规约的罗马会议上，就出现过政府指派非政府组织专家以政府代表身份参加会议的情况。非政府组织的人员能够为政府指派,这个专家所表达的观点便具有双重身份,既可以是政府的观点,也可以是非政府组织的观点,但观点的内容只有唯一。如果非政府组织取得了国际法主体资格,在决策过程当中,同一个人的同一个观点就拥有两个投票权,这就让可以雇佣到非政府组织成员,尤其是其代表的国家取得了不公平的优势。因此,无论联合国还是其他几个组织,都没有赋予非政府组织国际法主体资格,让其取得直接参与决策的权利。同时,在 WTO 多边贸易框架下,承认非政府组织的国际法主体资格也行不通。WTO 是由不同的关税和贸易政策区所构成,这是 WTO 存在的基础之一。关税和制定贸易政策是国家经济主权的一个部分,非政府组织不具有这种权力。WTO 中一旦出现没有关税权,没有贸易政策制定权的非政府组织作为成员方,WTO 的相关贸易政策对这样的成员方又有什么意义?所以,笔者认为,在 WTO 的多边贸易框架下,应同联合国等做法一样,与非政府组织合作要坚持传统的国际法主体观念,将以不给予非政府组织主体资格,不赋予非政府组织投票权作为前提。

在具体的合作方式上,WTO 多边贸易体系下的非政府组织的参与模式应如何设计,笔者认为,应通过规范性文件给予非政府组织参与活动时的明确地位。在联合国,非政府组织的咨商地位是《联合国宪章》确立,经经社理事会的决议细化的;在欧盟,有 1951 年决议和 93(38 号)决议对咨询地位予以确定。在国际刑事法院,非政府组织"法庭之友"的地位来自《罗马规约》和《程序和证据规则》;世界银行也有《实施导则》、《操作指导》等文件确立双方合作方式。有规范性文件,对合作方式有明确定位,有利于双方合作关系的制度化,使双方对当前合作的程序有清晰认识,对将来的合作也有预判和指引。这实质是非政府组织参与其他组织活动的准入性条款,是参与的前提,必须存在且明了。否则就会如同非政府组织在国际法院那样,因为一个

"国际团体"理解的差异,非政府组织的咨询地位时有时无。相较而言,通过规范性文件建立非政府组织参与活动的制度,最值得借鉴的是联合国,其制度是最为完备的。首先联合国通过宪章确认非政府组织可以经取得咨商地位参与联合国活动,又通过决议列举了申请咨商地位的要求、程序、审批方式等,构建起了非政府组织参与联合国活动的准入制度。接着,决议又将咨商地位分类别,不同类别的咨商地位具有的不同权利一目了然。咨商地位并非一成不变的,联合国还有一套主体确定,程序清楚的审议机制,对非政府组织进行管理,不同情况下非政府组织的咨商关系的类别变动、中止、撤销都有据可依。联合国是所考证的几个机构中唯一建立了包括准入、监管、退出制度在内的与非政府组织合作模式的国际组织。这种通过规范性文件建立完备合作方式来协调与非政府组织合作的立法体例值得参考。此外,欧盟中关于非政府组织咨询意见的最低标准做法,也值得借鉴。通过一个回执程序,确认非政府组织的意见是否被采纳以及被采纳的程度,能够将非政府组织的意见对最终决策的影响予以量化,这既是程序完备的要求,同时也是决策公开、透明的表现,更有利于调动非政府组织参与的积极性。

第二,由于 WTO 兼具国际法上的造法功能和司法功能,一方面 WTO 可以确定贸易规则,另一方面 WTO 承担着解决贸易摩擦的功能。因此,非政府组织参与 WTO 多边贸易体制,除了涉及决策时候的咨询外,其在贸易争端解决中的地位和作用也应有所规定。通过非政府组织与国际法院、国际刑事法院考察比较,以及学界关于国际法院改革的呼声中可以发现,"法庭之友"地位的确立并将其制度化应该是 WTO 多边贸易体制下,非政府组织参与的一种良好模式。这有利于发挥特定非政府组织在具体问题中的专业性作用。"法庭之友"地位也应当是一套包括授权和程序性规定的完整制度。

至于在 WTO 多边贸易体制下,是否给予非政府组织诉讼地位，则是需要深究的。前文所考察的对象中，仅有欧盟允许非政府组织作为诉讼主体在法院提起诉讼。这样做的好处是显而易见的，便于保护非政府组织的权利不受侵害。但是应当注意，这和欧盟的特殊性有关。欧盟呈现出某种形式下宪法体制下的特征，这些特征使得欧盟更像一个联邦政府，欧盟法律体系下的法律秩序客体包括了各成员方的国民。而 WTO 多边贸易体制已经在乌拉圭回合中被明确否定以宪政组织的方式运作，实践中 WTO 专家组也表达了“WTO 规则作为国际贸易规则，对私人群体仅产生间接的作用”的观点，从组织运行方式上，WTO 体制下给予非政府组织诉讼地位是不恰当的。同时，成员构成的区别也决定 WTO 下非政府组织取得诉讼地位是不现实的。欧盟各成员方在经济发展水平和历史、文化方面具有相似性，意识形态差距不大。而 WTO 成员经济发展水平迥异，成员间矛盾冲突极大，WTO 本身就是利益冲突折中的产物，许多发达成员方给予非政府组织诉讼权利的要求，一定程度上基于其在非政府组织发展过程中积累的优势，这必然会牺牲发展中国家和不发达国家的利益，不会得到这些国家的认同。所以，WTO 多边贸易体制下，现阶段给予非政府组织诉讼主体资格并不现实。

第三，非政府组织参与世界银行活动的方式最为多样，无疑值得赞赏。而世行对非政府组织的支持性机制，直接受益的是非政府组织，同时提高非政府组织参与世行项目合作能力，使世界银行也间接得益。虽然 WTO 多边贸易体制下，WTO 的贸易政策不需要非政府组织直接实施，WTO 争端解决机制的裁决也和非政府组织无直接关联，但非政府组织强大的“院外能量”无疑能够推动 WTO 相关决定的执行，因此采取多种形式与非政府组织合作是需要的。

总之，WTO 应从自身的宗旨和目标出发，结合自身实际，制定出一套完善的与非政府组织合作的体系。在决策时，发挥非政府组织的特长，倾听非政府组织的声音，将其作为决策的考量因素,但又不能让非政府组织直接影响决策的结果。充分监督、管理非政府组织,建立起退出机制,排除不符合 WTO 宗旨和目标的非政府组织干预决策;在争端解决方面,暂时不给予非政府组织诉权,同时完善"法庭之友"制度,对具体的程序予以明确规定;在其他方面,参考世界银行的经验,结合具体需要,采取多种方式加强与非政府组织的合作。

第五章 非政府组织与 WTO 多边贸易体制协调机制之构建

诚如前文提及,由于非政府组织的强大"吸引力",国家或政府组织必须在与之结盟或与之为敌之间做出权衡。明智的选择当然是前者,越来越多的学者已经意识到非政府组织的参与对于全球贸易治理良性发展的重要性,即便是 WTO 内部,也出现了支持非政府组织参与的声音。[①] 然而,如何"结盟",则涉及应在非政府组织与 WTO 之间构建怎样的常规性、长期性的机制,以及该机制如何运作的问题。对这个问题的思考拟从下面几个层次来进行。

第一节 非政府组织影响 WTO 多边贸易体制的具体路径

迄今为止,非政府组织已经能够通过多种路径对 WTO 多边贸易体制施加影响,并产生了一定的效果。要确立在非政府组织与 WTO 多边贸易体制之间关系的应然制度安排,首先必须对非政府组织可能或者已经正在对 WTO 施加影响的具体路径进行梳理、总结与检讨,分析现有路径与非政府组织在 WTO 框架下的协调机制的相互关系,并在此基础上廓清非政府组织与 WTO 多边贸易体制之间的关系模式应在哪些层面上进行。

---

① 见前注 128。

一、影响 WTO 多边贸易体制的国际法律规则制定

在国际政治中，非政府组织并没有任何立法权限，不能制定任何具有强制力的国际法规范，但强制性国际法规范的产生却受其影响，其始终以其特有的方式发挥着愈来愈重要的作用。[①] 国际贸易领域中国际法规范发达程度较高，非政府组织的这一作用也尤为显著。

在影响 WTO 多边贸易体制的国际法律规则制定方面，非政府组织以下两个方式发挥作用：

1. 在各国政府或政府间国际组织拟制定强制性多边贸易国际法规范时，直接对有关强制性法律规范的制定施加影响。在 WTO 多边贸易体制下，非政府组织总是通过各种正式的或非正式的途径向 WTO 多边贸易体制的立法机构递交信件和备忘录，或者通过参与部长级会议有关规则制定的议题讨论来影响国际法律规则的生成。[②] 如前述非政府组织曾呼吁 WTO 修改一条与药品使用显著相关的知识产权条约，希望在公众健康受到威胁时，发展中国家可以不用遵守知识产权条约。在坎昆会议前，几个非政府组织联合起来要求发达国家停止向发展中国家施压，停止旨在促成世界贸易投资协议的努力。在 WTO 香港会议上也有来自世界各地 1 000 余个非政府组织的共计 2 100 多名非政府组织成员对广泛的会议议题发表见解。

2. 非政府组织自行制定国际贸易领域的行为规则，并逐渐使这些不具强制力的规则以“惯例化”或“成文化”的方式获得法的强制力，从而间接影响国际贸易法律规范的形成。许多非政府组织是汇集了本领域高素质专门人才的团体，享有丰富的专业资源，它们有能力窥探本领域的问题与规律，并相应的制定

① ［美］彼得·萨瑟兰等：《WTO 的未来——阐释新千年的体制性挑战》，刘敬东等译，北京：中国财政经济出版社，2004 年版，第 107 页。

② 李振纲：“WTO 与非政府组织关系初探”，《法学评论》，2000 年第 3 期，第 24 页。

和完善一些具有“软法”性质的专业性规则。也正是由于这些非政府组织卓越的专业素养，其专业规则虽不具有普遍的约束力，但是却为众多人所选择适用，并可以最终成为惯例、习惯，从而获得法定强制力。典型的此类非政府组织如国际商会、国际海事委员会、国际法律协会、国际标准化组织、因特网名称及编码分配公司等等均对有关国际法惯例和成文法的形成贡献颇多。

对于第一种方式，我们应当注意的一点是，只要世界仍是以国家为主导构成的一个整体，那么“非政府组织现在不是，今后也不可能成为国际立法的主体，……因而只有‘间接的’立法权（发言权），而无‘直接的’立法权（决定权）”。[①] 因此，至少在国际社会发展现阶段，WTO 多边贸易体制对于非政府组织对其法律法规的制定的影响力的态度只能是一定程度上的承认，而不可能赋予其任何表决权。在 WTO 多边贸易体制的协调机制中，非政府组织向 WTO 提出的任何咨商意见，也只能是至多作为一种参考材料，亦即非政府组织仍只能借助 WTO 成员方之手影响有关立法的结果。而非政府组织发挥影响力的第二种方式，除非是 WTO 在立法时对于非政府组织制定的“软法”加以借鉴吸收，一般不会对 WTO 的立法产生直接影响，故在构建协调机制时不对其进行特别的考虑。

二、介入 WTO 多边贸易体制的争端解决程序

非政府组织参与 WTO 多边贸易体制的一个重要方面就是其在争端解决程序中的积极作用。WTO 多边贸易体制的争端解决机制是以 WTO《关于争端解决规则及程序的谅解》（以下简称《谅解》）为基础的。该机制由设立的专家组对当事方提起的

① 徐崇利：“经济全球化与国际法中的‘社会立法’的勃兴”，《中国法学》，2004 年第 1 期，第 145 页。

纠纷进行事实与法律的审查并做出报告。若当事方不服,则可提请上诉机构对专家组的报告就其适用法律方面的解释审查并做出最后的裁定,当事方必须以如同履行本国裁判相同的谨慎和责任来履行该裁定,并不得再诉诸其他争端解决途径。根据《谅解》,它所做出的裁定(包括在GATT时期保留下来的裁定)对以后类似案件的裁决,乃至对国际贸易规则的生成都产生了极为深刻的影响。而正因为WTO多边贸易体制对于实现与贸易有关的社会目标(如环境、劳工、公共卫生安全等)具有相当大的影响力,从而为非政府组织进入争端解决程序提供了最初凭借和深层动因以及可资利用的空间和能力。①

如前所述,目前探讨比较多的是非政府组织以“法庭之友”身份参与争端解决机制。“法庭之友”本着不偏不倚的中立立场向法院提交报告,阐释他们对于案件的看法。这种陈述并不是关于“法庭之友”本身权利的要求或抗辩,而只是以其旁观者的身份对案件所涉的事实或法律问题提出分析见解,并提请法庭注意被忽视的利益考虑,从而有助于法庭加深对特定案件的理解从而形成公正合理的判断。另外一个方面,从程序上讲,有“法庭之友”参与而做出的裁判往往更具有合理性、更能为当事方信服、更容易得到执行。WTO多边贸易体制的争端解决机制总体上是相对封闭的,《谅解》中并未规定专家组或者上诉机构有权采纳除争议当事方外的其他个人或机构提交的陈述辩解。但从1998年“虾/龟”案开始,非政府组织在DSB享有的权利日益发展。促成这一事实的最主要因素不是非政府组织具有强有力的政治后盾或者经济基础,而是它对于与贸易有关的社会问题的关注已经在国际社会得到了广泛的认同和支持,是其潜在的广泛代表性、“软实力”为它赢得了进入争端解决机制的入场券。

---

① 郑亦雷:“NGOs以法庭之友身份参与WTO争端解决机制问题初探”,《经济师》,2006年第10期,第74页。

非政府组织崛起于 20 世纪 80 年代,但是它进入争端解决机制却明显迟到了很多。在 1998 年“虾/龟”案之前,争端解决机制是非政府组织的禁足之地,在此之后才逐步地对非政府组织开放。理由不过有三:1.《谅解》并没有授权专家组有接受除当事方之外提交的报告的权力;2. 破坏争端解决机制作为解决国家间纠纷的法律框架;3. 非政府组织缺乏代表性(合法性),易于为某些利益集团所控制。对于第一个理由,已经在 1998 年“虾/龟”案中被上诉机构所推翻。根据《谅解》第 13 条第 2 款,专家组可以从任何相关途径寻找关于案件的信息,也可以咨询任何专家以得到他们关于案件特定方面问题的意见;第 12 条第 2 款,专家组程序应有充分的灵活性以保证提供高水平报告,而又不会不适当地延误专家组审案进程。上诉机构据此认为,专家组有权自由裁量是否接受并考虑提交给它的信息和建议,而不管这些内容是否为专家组所主动要求。① 对于第二个理由,非政府组织的介入只是作为一种参考意见,它进入的身份没有改变当事方的权利义务,没有改变其自身非政府组织地位,因而并不会对整个争端解决机制构成威胁。对于第三个理由,由于对各类非政府组织代表性认同的复杂性,专家组无法及时判断是否将其纳入争端解决程序,也很难知晓非政府组织真正的幕后者。但是这并不妨碍专家组接受非政府组织提供的陈述,接受并不等于采信,接受并不意味着专家组必须按照非政府组织的思路行事。因此,以上三点理由都是站不住脚的,相反,非政府组织作为“法庭之友”介入争端解决程序,都会大大充实争端解决程序的透明度及其裁决的合理性。

然而非政府组织介入争端解决程序的权利是不稳固的。“法庭之友”在争端解决机构仅以其行使自由裁量权的名义接受,DSB 并未承认非政府组织具有介入争端解决程序的制度性

---

① US-Import Prohibition of Certain Shrimp and Shrimp Products, Report of the Appellate Body [R]. adopted on 6 November 1998, WT/DS58/AB, para. 88,转引自曾炜:“论‘法庭之友’在 WTO 争端解决中的发展”,《华南农业大学学报》,2006 年第 3 期,第 112—113 页。

权利。上诉机构通过对《谅解》第 13 条的解读赋予专家组接受非 WTO 成员的报告,但是这并不构成正式的判例。在以后其他案件中,是否接受还需要争端解决机构的表态,至少目前为止,这个问题尚无定论。另一个问题就是非政府组织的法庭之友陈述一般只能通过争端一方才能进入争端解决程序。"这就使得非政府组织从一个具有独立思想的独立主体退变成政府之间论争的'回音桶',从而抹杀了由于非政府组织的参与所带来的潜在利益。"[①]非政府组织将继续要求以"法庭之友"身份向专家组提交书面陈述的权利,提供独立证词和辩论的权利,甚至是享有争端当事方的部分权利。可以预见的是,"将来各种非政府组织以"法庭之友"身份提交书面意见势必充斥整个 WTO 争端解决程序之中,如果专家组与上诉机构仍不能采取任何适用规则来处理这些争议,专家组与上诉机构被这些书面意见所淹没并影响争端解决程序的效率的可能性将大为增加"。[②] 因此,进一步确认和发展非政府组织介入 WTO 争端解决机构程序的权利,并系统设置其介入程序是协调机制必须涉及的内容。

三、影响 WTO 多边贸易体制下贸易谈判、政策决策

这主要体现在非政府组织在对与贸易有关的相关问题上的行动中。这一影响方式是非政府组织表达自己意愿、实现自己目标的最直接方式。主要表现为以下几个途径:1. 非政府组织在世界贸易组织召开会议时,也举行相同议题的平行会议。2. 非政府组织应邀参与贸易谈判,并就其所关注的问题发表意见。3. 以激进的方式(如示威游行)对 WTO 多边贸易体制进行抨击,从而阻碍贸易谈判的进程,甚至使谈判议题搁置。

---

① Jeffrey L. Dunoff, The WTO's Legitimacy Crisis: Reflections on the Law and Politics of WTO Dispute Resolution, The American Review of International Arbitration, vol. 13 (2002), p203.

② 曾炜:"论'法庭之友'在 WTO 争端解决中的发展",《华南农业大学学报》,2006 第 3 期,第 115 页。

WTO 多边贸易体制下达成任何贸易协定或作出的贸易政策都是成员国讨价还价、相互妥协的产物。WTO 多边贸易体制是一个经济利益博弈的平台,因此围绕的议题也都聚焦于经济方面的考虑,对环境、劳工、公共卫生等问题很少涉及,如果有所涉及,其实质也往往是成员国用作贸易限制的手段而已。而非政府组织的介入,正是弥补了这一空白。最佳的途径就是第二种,虽然 WTO 多边贸易体制向一些具有影响力的非政府组织发出了邀请函,但是在整个贸易谈判过程中有大量非正式的"绿屋会议"(这些会议通常对贸易协议的达成具有重大作用),不仅将一些弱小国家边缘化,也将非政府组织排斥在外。因此也无怪乎非政府组织会发起一些非理性的活动来表达它们对 WTO 多边贸易体制的不满。

即使撇开民主、人权等正当性考量,即使是仅从缓和非政府组织与 WTO 所表现出的尖锐对立,保障 WTO 会议基本安全的现实角度来看,将非政府组织参与 WTO 贸易谈判和政策决策的途径和程序作出系统规定,也是协调机制的重要内容。

四、参与监督 WTO 多边贸易体制下成员义务及承诺履行状况

非政府组织的监督职能具体地体现为"敦促"(依靠道义力量而不是强制力)各成员国对 WTO 多边贸易体制的一系列协议、决议、议定书的履行。这从一个侧面反映了政府组织的能力不足或者说国际法的软法特性,而恰好印证了非政府组织在国际贸易中对全球治理的补充作用。[①]

政府组织不是一个超国家体,因此并不存在一个高于国家主权的力量来对不履行 WTO 多边贸易体制义务或承诺的国家进行制裁或督促。实践中,一般依靠成员国自觉主动地履行其国际法义务,或者由直接的不利方根据基本法律文件的授权实

① 何燕华:"论非政府组织对 WTO 的影响",《行政与法》,2004 年第 4 期,第 74 页。

施报复措施，从而迫使违约一方采取措施使法律关系恢复到原先的状态。WTO 多边贸易体制内部的监督固然成效明显，但是它也容易引发国家之间关系的僵化，不利于整个国际贸易的顺利开展。而非政府组织的"敦促"，作为一种外部力量对内部的压力，可以说十分微妙也更为适宜。非政府组织的广泛影响力，使其在国际社会具备了一种舆论导向的软实力。当成员国不履行义务因而损害它们所关注的利益时，非政府组织的行动就会迅即展开，它们造势之大不容小觑，表现在两个层面：1. 对于大国而言，他们极力想在国际社会树立良好的诚信形象，因此在环境保护、劳工保护、人权等领域是相当配合的，即使这只是大国作的表面功夫而已。非政府组织不惧怕大国的强大实力，敢于揭露大国的种种"不义"行为，正是其发乎内心的感召力量的作用。[①] 2. 对于小国而言，他们的首要目标是发展，因此他们很可能忽略非经济利益问题。而不少非政府组织（如行动援助、关怀国际、乐施会…）的职能就是扶贫，帮助弱小国家进行能力建设，为他们提供发展所需的物力、人力、资金和技术支持，并且指导他们在发展经济的同时兼顾社会利益，从而使他们回归到 WTO 多边贸易体制的正常轨道上，积累与大国对话的资本，提升自身的国际地位。

但是也需要明确的是，这种非政府组织的监督也是有限的，限于它们所涉及的领域和它们所影响的范围。大部分国际义务仍然依靠主权国家的自觉履行以及政府组织的协调能力和制度设计。[②]

毫无疑问，成员方承诺和义务的实际履行是 WTO 存在的意义。因此，任何有利于实现这一意义的监督都是受到 WTO 欢迎的。对于非政府组织的有益监督，WTO 完全有理由主动纳入协调机制进行确认，并以相应的法律制度使其"微妙"的作用得以

---

① 刘清才、张农寿："非政府组织在全球治理中的角色分析"，《国际政治专论》，2006 年第 1 期，第 96 页。

② 李晓凤："非政府组织的发展现状初探"，《求实》，2006 年第 1 期，第 32 页。

更充分的发挥。

五、促进 WTO 多边贸易体制下统一标准的进程

在这方面国际标准化组织(ISO:International Organization for Standardization)的贡献特别巨大。ISO 在国际标准化中占主导地位,其主要活动是制定国际标准,协调世界范围内的标准化工作,组织各成员国和技术委员会进行情报交流,以及与其他国际性组织进行合作,共同研究有关标准化问题。其宗旨就是:"在世界上促进标准化及其相关活动的发展,以便于商品和服务的国际交换,在智力、科学、技术和经济领域开展合作。"它制定了质量管理体系认证和环境管理体系认证等国际标准,在国际贸易日渐多样化和贸易便利化的背景下,得到了广泛的认同。由于其独立性、公正性和科学性,国际标准化组织制定的诸多认证标准已经成为国际认证领域权威的第三方标准。[①] 这些受到广泛认可的标准不仅便利了国际贸易,也为贸易纠纷的解决提供了科学的证据。随着越来越多的国家和经济实体加入国际标准化体系,非政府组织的影响力也越渐扩大。

《服务贸易协定》第 7 条规定,适当的场合,WTO 成员方"应同相关政府间组织和非政府组织咨询,建立或采纳为相关服务贸易和专业职业需要的国际通用标准和准则"。当前,国际通用的标准和准则主要为非政府组织拟定。《服务贸易协定》的这条规定确立了国际通用标准和准则在适用 WTO 规则时的价值和重要性,承认和尊重非政府组织的"民间立法"对 WTO 规则的参考效果。WTO/TBT 协议中对标准化政策做出下述规定:"各国制定强制性法规、任意性标准时,如果已有国际标准,则应

① 王秀梅:"国际非政府组织与国际法之跨国立法",《河南省政法管理干部学院学报》,2006 年第 4 期,第 204 页。

以该标准为基础。”[①]因此，较之其他问题，在国际标准问题上，WTO 与非政府组织已经更紧密联系在了一起。在不可避免的协作之中，协调机制理应将非政府组织如何参与到 WTO 的有关国际标准政策的建设和执行中作出特别规定。

六、影响国内贸易政策的形成和实施

如果说非政府组织参与全球贸易治理的时日尚浅，那么非政府组织参与国内贸易政策、措施的形成及实施的历史可说源远流长：早在封建社会中，行业协会就开始影响国家贸易政策的方向。随着贸易市场的扩大以及 WTO 多边贸易体制的建立和发展，非政府组织也延伸出了诸如支持本国经济组织参与国际贸易争端解决等等新的影响国家贸易政策的行动方式。如《补贴和反补贴措施协议》第 10 到 12 条要求进口国政府当局在补贴措施进行调查时，必须给予有代表性的非政府组织提供机会，让其提供关于补贴、损害以及因果关系等方面的信息。而非政府组织的这些新的影响方式的出现和发展也正是将国内非政府组织纳入本书讨论范围的缘由。因为在这些场合下，国内非政府组织的影响力已经不再局限于一国领域之内，而对于 WTO 多边贸易体制下的其他成员国家，甚至对于 WTO 多边贸易体制本身也产生了冲击力。这些非政府组织主要是本国的行业协会，它们与一般非政府组织的区别在于他们代表的是一定范围内的特殊利益，亦即本行业的利益；他们具有高度的自治性，拥有相对完善的行业管理体制；它们承担了许多社会必需而政府或经

① 见 TBT 协议 2.4，“2.4. Where technical regulations are required and relevant international standards exist or their completion is imminent, Members shall use them, or the relevant parts of them, as a basis for their technical regulations except when such international standards or relevant parts would be an ineffective or inappropriate means for the fulfilment of the legitimate objectives pursued, for instance because of fundamental climatic or geographical factors or fundamental technological problems.”

济组织不宜的事务。[①]

培养本国的行业协会力量无疑对本国经济建设具有重大意义。其一,有利于本国决策机关收集相关信息资料,把握经济动态,迅速对市场状况作出反应,从而作出正确的对外贸易政策。行业协会在本行业中具有高度的权威性和丰富的专业知识背景,因此它们熟知行业中发生的变化,甚至能预知其发展走向,这些能力都为政府提供了良好的决策基础。其二,有利于本国经济组织充分应对针对本国提起的贸易争端。在反倾销案件中,相关行业协会可以协助和推动政府研究产业保护的对策,加强贸易秩序的管理,完善产业保护机制,建立产业损害预警机制,制定保护产业安全的政策法规,同时协助经济组织增强自我保护能力和防范意识,规范自身的贸易行为,积极应对各国采取的贸易保护手段。其三,一国的行业协会能与其他国家的行业协会开展交流合作,促进本行业在国际贸易中的技术要求、产品标准的统一,甚至可以减少贸易摩擦,使国际市场竞争有序、公正进行,国际贸易秩序得以维持稳定。应当注意的是,由于行业协会与本国政府关系密切,因此对其利益无涉性不得不产生怀疑。如何保持行业协会的纯洁度,如何正视行业协会与本国政府的关系,还需要深入探讨。

由上可知,非政府组织在影响国内贸易政策的同时,不可避免的对 WTO 多边贸易体制产生影响——虽然这些影响是间接的,且时常已经转化为成员方政府立场的,但这些影响确实已经在 WTO 多边贸易体制下引起了讨论。如美国版权法第 110(5)节案中,专家组就对国内非政府组织提交政府的信件的证明力

① Nikolaos Lavranos, Some Proposals for a Fundamental DSU Reform, Legal Issues of Economic Integration. 29(1), 2002, p. 80.

问题进行了有关论述。[①] 因此，WTO 与非政府组织的协调机制有必要对非政府组织影响国内贸易政策的有关问题进行明确。

第二节　非政府组织与 WTO 多边贸易体制协调机制之构建

在林林总总的政府间国际组织中，非政府组织以不同的方式发挥着自己的作用。随着国际社会的发展和国际关系的复杂化，非政府组织的影响力在不断上升，因此，WTO 多边贸易体制也不可能将非政府组织的影响力阻却在外，故而 WTO 多边贸易体制在运作中从来就不乏非政府组织的参与。但是，从西雅图会议上的非政府组织联合抵制，到以后历次会议所遭受的来自非政府组织的反贸易全球化压力，仅仅依赖 WTO 给予非政府组织一定的参与权显然是不足以实现双方协调发展目的的。[②] 本书认为，在 WTO 体制下构建与非政府组织的永久性、常规性的协调机制，将是双方协调发展，实现共赢的更优选择。

一、协调机制模式选择

在多边贸易体制下构建与非政府组织的协调机制，乃是具有开创性的事业，因此，着眼于理论和理性与实践操作性的需要，构建这一机制既需要大胆创新的精神，又要考虑国际社会组

① 见 TBT 协议 2.4，"2.4. Where technical regulations are required and relevant international standards exist or their completion is imminent, Members shall use them, or the relevant parts of them, as a basis for their technical regulations except when such international standards or relevant parts would be an ineffective or inappropriate means for the fulfilment of the legitimate objectives pursued, for instance because of fundamental climatic or geographical factors or fundamental technological problems."

② 李艳："全球治理对非政府组织需求动因的分析"，《临沂师范学院学报》，2004 年第 4 期，第 30 页。

织体系的现状与未来。考察现今存在的各主要国际组织与非政府组织之间的协调机制，联合国构建的咨商式与非政府组织协调机制对于 WTO 与非政府组织协调机制的构建有着显著的借鉴意义。[①] 因此，本着谨慎的态度，本书拟以联合国模式为基础，并适当参考借鉴其他国际组织与非政府组织的关系模式，在 WTO 多边贸易体制下构建咨商式的与非政府组织间的协调机制。之所以作出这一选择，一方面是因为诚如前文所述，联合国体系中的与非政府组织咨商协调机制已经较为成熟，至少在现阶段来看，具有先进性；而更为重要的是因为联合国体系与多边贸易体制之间存在诸多的共通之处，使得与非政府组织咨商协调机制移植到多边贸易体制具有现实可行性。

从联合国与 WTO 的机构定位来看，两者分别是全球最具影响力的政治和经济组织，并且同是现行国际法律秩序以及全球治理框架的产物。在国际法语境下，政治与经济的关系从来是共生的，所有政治问题都可以找到经济根源，而经济矛盾的解决又离不开政治因素的考虑。在这一前提下，作为政治与经济国际法治理的代表，联合国及其下属机构与世界贸易组织的联系千丝万缕、日益紧密。在当前国际环境下，要在全球范围内更好地协调各种利益、促进世界和平与发展，联合国与 WTO 相互配合、携手共进是必然的。因此，联合国体系与 WTO 多边贸易体制共同遵循和信奉着作为两者支撑的国际法治基本原则和理念，并在组织内部分享着共同的法律语言，共同的法律架构和共生的法律背景。联合国体系与多边贸易体制的法制内涵的交融共生之处，使得两者在政府间国际组织与国际市民社会的协调安排上，在两个组织内部能够发现共通的环境和氛围。

从联合国体系与 WTO 多边贸易体制所处的外部环境来看，两者共通的定位衍生出共同的需求。二战后，由于急需构建新

① 孙海燕："从国际法视角看联合国与非政府组织的制度化联系"，《北京大学学报(哲学社会科学版)》，2005 年第 4 期，第 140 页。

的国际政治经济新秩序，以政治主导的联合国以及以经济主导的关税与贸易总协定（GATT）相继成立。经过半个多世纪的风雨，联合国体系和多边贸易体制作为世界全球化、多极化发展的产物，它们而今也面临同样的问题，亦即在国际市民社会发展壮大的今天，如何与以非政府组织为代表的国际市民社会协调合作的难题。时至今日，非政府组织的活动已经深刻地影响着 WTO 所构筑的多边贸易体制。多边贸易体制近些年来在谈判回合中的挫败，以及它本身透明度、民主性等体制问题，严重阻碍了新一轮贸易谈判的进程，也加重了各国的利益冲突和意见分歧。正如约翰·H·杰克逊所言：WTO 所面临的一个非常明显而重要的问题就是要提高公众对 WTO 及其工作的了解和认识。[①] 因此，WTO 多边贸易体制要像联合国体系那样，建立一套较为完整的与国际市民社会沟通的协调机制的问题已经不容回避。

二、协调机制安排

从《建立世界贸易组织马拉喀什协定》到《与非政府组织关系安排的指导原则》WTO 内部一直存在着其与非政府组织协商合作的法律依据。WTO 已经清楚的认识到了非政府组织在提高公众意识和透明度方面的作用，明确了非政府组织获得相关信息资料的权利和途径，并赋予秘书处在与非政府组织工作中必要的职责，确认非政府组织在多边贸易体制中的有限参与地位。[②] 但是，《指导原则》并非如 WTO 框架下的各正式协定那样，对成员各方具有强制约束力，因此，虽然该指导原则在表明了多边贸易体制与非政府组织合作的基本立场问题上有着重要

① ［美］约翰·H. 杰克逊：《GATT/WTO 法理与实践》，张玉卿等译，北京：新华出版社，2002 年版，第 465 页。

② 参见：http://www.wto.org/english/forums_e/ngo_e/guide_e.htm，（2008 年 3 月 16 日登陆）。

意义，但其在实践中操作仅具有“指导”意义，实际作用十分有限。因此，要实际实现 WTO 与非政府组织之间的沟通协调，具有可操作性的更详细的规则制定至关重要。

首先需要明确的是，在现阶段，非政府组织自身特性决定了其数量繁多、素质不一的特征。在现今存在的具有国际性的非政府组织之中，能够对多边贸易体制的发展完善有所助益的，只能是其中具有一定影响力，自身组织建设较为完善的那一部分。如果将所有非政府组织均纳入与 WTO 协调机制的规划考虑范畴，除了其数量庞大，给协调机制的运行带来困难以外，不适当的非政府组织的参与还可能对 WTO 多边贸易体制的完善有所阻碍。此外，非政府组织参与的角色定位也不能理解为等同于与国家地位的多边贸易组织主体，这既不现实，也不必要。在以上前提下，与非政府组织协调机制志在令非政府组织在 WTO 多边贸易体制中享有参与立法与执法的权利，并使得这种参与权常规化、体系化。具体而言，构建非政府组织与 WTO 多边贸易体制间协调机制至少应当考虑以下内容：

（一）明确非政府组织参与 WTO 多边贸易体制的准入标准

关于 WTO 多边贸易体制究竟应当接纳哪些非政府组织的参与问题，可以从非政府组织的分类着手。而划分非政府组织类别的统一标准问题，已经有学者进行了相关论述：非政府组织的规模、非政府组织关注的议题或根据国际组织本身的协定领域可以作为对非政府组织实行分类管理的标准。[①] 一方面，依据非政府组织的特性，其规模的大小决定了其活动能力的大小。所谓“活动能力”，既包括其能够引起共鸣的人群的众寡，也包括它能够进行的调查、研究、聚会的力量的大小和关注议题的多寡。另一方面，在与官方国际组织合作方面，非政府组织的话语

① 严蓉：“非政府组织与 WTO 有效磋商之探讨”，《贵州警官职业学院学报》，2005 年第 3 期，第 45 页。

力量很大程度上源自其专业上的过人之处,依据非政府组织的专业擅长来对其进行删选,对非政府组织与官方机构双方来说都是节约资源,对号入座;也是双方之间的协调机制运作良好的意义和前提。因此,该协调机制在确定非政府组织的准入标准时,应从将非政府组织合理分类入手:

第一类,行动型非政府组织,如绿色和平组织、行动援助等。这一类非政府组织通常以具体行动来实现其目标,或者通过资料宣传表达其意愿以获得公众支持,或者召开相关的会议论坛提高其影响力,或者开展示威游行表达不满或诉求。对于能够直接表达相当范围的公众的呼声和利益的非政府组织,将其纳入协调机制不仅为其表达意愿提供了合法的渠道,也为WTO多边贸易体制的民主和透明度建设注入新的活力。

第二类,学术型非政府组织,如国际商会、国际第三部门研究学会(ISTR)等。对于在某一知识领域具有专门的学术优势和至高的学术权威,可以为WTO多边贸易体制提供更多专门知识、崭新思路的非政府组织,应当将其纳入协调机制。

第三类,基金型非政府组织,如世界自然保护基金会(WWF)、比尔盖茨夫妇基金会(B&MGF)等。这类非政府组织主要以基金运作来实现其目标,并以其目标来吸引公众的支持和捐赠。在与WTO多边贸易体制相关的领域,如扶贫、环保等方面,这些非政府组织可以与WTO多边贸易体制合作,特别是在援助发展中国家建设的项目上,可以相互配合监督,体现更多地透明度和公众信任度。

该协调机制可以在上述分类的基础上确定非政府组织参与WTO多边贸易体制的准入标准。在具备上述基本条件的非政府组织之中,WTO多边贸易体制在确定准入标准及咨商地位的授予时,可以进行以下内容的考量:1. 非政府组织代表的民众及利益、与WTO多边贸易体制活动的相关程度;2. 非政府组织本身的独立性、能力、资金来源等因素;3. 非政府组织以往工作业绩。总之,相对而言具备较完整的组织形式、稳定的资金来源和工作成员、科学的运作机制,有能力行使协调机制赋予的权利、履行其相应的义务,并且在其能力范围内承担责任的非政府组织才是符合准入标准的非政府组织。此外,协调机制应当在实践中注意积累经验,令准入标准不断完善、细化,使其起到保障协调机制良好运作的基础作用。

(二)明确具有咨商地位的非政府组织的权利和义务

结合非政府组织的特性与 WTO 多边贸易体制的运作情况,可以考虑对符合准入标准,具有咨商地位的非政府组织设置以下权利与义务。

具有咨商地位的非政府组织的主要权利有:1. 可以在总理事会派设机构或常驻代表,获取与 WTO 多边贸易体制相关的信息资料,并就其感兴趣活动提交参与申请。2. 可获得 WTO 多边贸易体制所召开会议议题方面的资料,并可提出新的议题或者意见,由非政府组织委员会转呈总理事会。3. 经申请,可参与 WTO 多边贸易体制的谈判、议题讨论,提交书面意见,但是没有决策权。4. 可直接向争端解决机构就与其有关的争端提交"法庭之友"报告。5. 可接受 WTO 多边贸易体制下总理事会或其下属机构的委托,就某个方面的问题进行调查研究或编写具体文件。6. 可就 WTO 多边贸易体制下的工作进行监督,并可向非政府组织委员会提交监督报告。当然,视这些非政府组织的分类地位的不同,其享有的权利可能不尽相同。

具有咨商地位的非政府组织的主要义务有:1. 遵守 WTO 多边贸易体制的宗旨、原则和议事规则,积极配合非政府组织委员会的工作,合理地行使自己的权利。2. 向非政府组织委员会提交工作报告,说明上一阶段与 WTO 多边贸易体制合作的工作状况,并提出下一阶段的工作目标。3. 重视非政府委员会所作的总结报告,并对其提出的整改意见作出回应。4. 恪守本组织宗旨和原则以及在申请参与WTO多边贸易体制之时所作的承诺，维护自己在国际社会的良好形象。

从以上的权利义务要求来看，在非政府组织与WTO多边贸易体制的协调互动中，WTO在接受非政府组织的监督的同时，也反过来对非政府组织自身的完善起到了督促作用。而非政府组织在完善自身，向着理性化发展的同时，WTO希望从非政府组织那里得到道德助益和专业协助的愿望就越易于实现。协调机制中的"协调"涵义得到良好的诠释。

（三）在WTO多边贸易体制下设立一个专门负责与非政府组织协调工作的常设机构

根据《马拉喀什协定》第5条第2款的授权，WTO总理事会有权管理与非政府组织的相关事务。基于这一授权，1996年6月18日，总理事会通过了《与非政府组织关系安排的指导方针》（下称《1996指导方针》）。《1996指导方针》规定："WTO秘书处应积极地采用各种方式，发展同非政府组织的直接联系；……" 因此，在《1996年指导方针》实施后，WTO秘书处内设外部关系处（External Relation Division）保持与非政府组织的联系。2001年，秘书处制定了第WT/INF/30文件，确定了非政府组织参与WTO的一些程序，以及参与的形式。譬如，在新加坡部长级会议召开时，非政府组织可向WTO秘书处提交参加会议的申请，如获同意，则可参与全体成员大会。根据第5条的规定，非政府组织如想获取参与会议的门票，须证明其活动"与WTO下有关事项相关"。[①] 以2003年坎昆部长级会议为例，WTO成员方采用了不同的非政府组织注册程序。非政府组织向秘书处外部关系处提交其与会申请，并详细说明他们的活动如何与WTO

① World Trade Organization, WTO Secretariat activities with NGOs，参见：http://www.wto.org/english/thewtoe/ministe/min01e/mi no1ngoactive.htm，(2007年5月20日登陆)。

下有关事项相关。[①]

此外，总干事设立了临时性质的非政府组织建议机构（NGO Advisory Body）以方便集合非政府组织意见。2001 年 10 月，非政府组织向成员方发出“WTO 体制改革的公开信”，[②]建议制定与利益相关者国内协商的指导规则，但 WTO 对此未作回应。但支持非政府组织参与的成员方另辟蹊径，继续推动 WTO 体制的参与性的改善。例如加拿大一直认为外部声音，如非政府组织专家的意见可以对成员方提供宝贵的意见。为了获得这些专家意见，WTO 可以考虑建立临时性的咨询委员会，以方便非政府组织向其提供 WTO 相关议题的非约束性建议。2003 年，WTO 总干事设立了非正式的非政府组织建议机构。该机构由 10 名来自非政府组织的高层代表组成，每两年会面一次，为世界各地非政府组织在 WTO 下的意见交流提供一个平台。通过这个临时性机构，WTO 总干事可以引导市民社会在 WTO 贸易议题上的立场并通过交流促进相互的理解。但由于《1996 年指导方针》并未将构建 WTO 与非政府组织体制性的联系划入总干事职权范围内，[③]总干事无法将该机构转化为永久性机构。

可见，迄今为止，在 WTO 框架下，与非政府组织之间的协作的机构基础主要是 WTO 秘书处。但是，在各个主要国际机构中，世界贸易组织有 600 多位职员（其中包括 100—150 位临时职员），属于规模最小的国际机构之一。按其重要性来衡量，WTO 秘书处在预算资金上也是最少的。[④] 在这样的前提下，在 WTO 设立的专门与非政府组织协调的常设机构，若遵循现有的管理模式，仍由 WTO 秘书处和总干事负责，仅就其是否能够胜任日益繁重的协调工作负荷来看，已是前景堪忧。相比之下，总

---

① World Trade Organization, Registration for Non-Governmental Organizations, 参见：http://www.wto.org/english/thewtoe/ministe/min03e/ng oacce. htm,（2003 年 12 月 10 日登陆）。

② Open Letter on Institutional Reform, WTO Activist, October 2001, at wto-activist@ iatp. org.

③ Peter Van Den Bossche, the Law and Policy of the World Trade Organization, Cambridge University Press, 2005. p. 133.

④ 刘鹰：“WTO 总干事和秘书处的角色”，《WTO 经济导刊》，2005 年第 12 期，第 27 页。

理事会是协调机制主要负责人的更合适人选。首先，协调机制的机构载体若以总理事会下属专门委员会的形式出现，符合WTO关于与非政府组织关系的源规定——《马拉喀什协定》第5条第2款的规定，这一安排不存在法律制度上的障碍。其次，从机构运行的角度看，将非政府组织的一切事物均交由负责秘书事宜的秘书处处置，从该安排的形式的本身就可以看出非政府组织与WTO之间协调工作的不受重视和不成体系，这与非政府组织对于WTO的重要外部意义是不成比例的。另外，随着WTO框架下的协调机制的发展完善，要求秘书处承担所有的协调工作明显工作量过大，相反，要求秘书处对专门委员会的与非政府组织协调工作进行配合性的安排，则更为合理。

该总理事会下所设的非政府组织委员会，可通过部长级会议选举确定该委员会的组成人员。该委员会的主要工作包括：负责调查非政府组织的实际情况，就其申请咨商地位进行审查并提出意见，再提交总理事会最后决定是否授予该非政府组织以咨商地位；将非政府组织提交的新的贸易议题或者新的贸易规则转呈总理事会，由总理事会决定是否将这些议题纳入会议讨论框架之中；经非政府组织提交申请，邀请非政府组织参加WTO多边贸易体制的谈判或者议题讨论，允许其提交相关的书面资料或者发表意见；转呈具有咨商地位的非政府组织提交的争端解决报告，由WTO争端解决机构确定是否接受其“法庭之友”意见；对不具有咨商地位的非政府组织提交的“法庭之友”则需委员会调查之后确定是否将该报告提交给争端解决机构；针对非政府组织提交的参与WTO多边贸易体制活动的报告制作该协调机制的总结报告，肯定非政府组织的积极作用，指出以往工作中的失误，并分析预测将来的工作方向。

（四）总理事会及其下设的非政府组织委员会应当在平衡南北非政府组织的力量上作出努力

与主权国家和由主权国家构成的官方国际组织一样，非政府组织身上同样具有南北属性。在发达国家,由于其市民社会发展也走在了发展中国家的前面,发达国家的非政府组织往往能够获得更多的政府资助与民间关注,因此,其数量更多,规模更大,资源也更丰富,它们能够进行许多发展中国家非政府组织无法进行的活动,实现许多发展中国家非政府组织无法实现的影响。

当非政府组织走进WTO时,我们必须注意到,走进WTO的非政府组织身上的南北属性是否会呈现出又一次北方社会的强势出击,促进发展中国家尤其是最不发达国家经济增长[①]的WTO宣示是否会面临更加严峻的挑战。如前所述,就发展成熟度而言,北方市民社会之于南方市民社会具有压倒性优势。因此,WTO有责任如同促进南北国家协调发展一样,促进南北市民社会的协调发展。首先,应在权利表达上给予发展中国家的非政府组织更多的关注,并为其提供更多的便利、优惠服务,必要时为南方非政府组织提供必要的活动资助。其次,应为南北非政府组织的相互沟通、友好对话提供平台。WTO多边贸易体制不是非政府组织内部纷争的论坛,因此,该协调机制应当尽可能地调和非政府组织内部发展的不平衡,创造一个有利于其发挥协调功能的环境。

事实上,从建立与非政府组织协调机制的可行性角度讲,为平衡南北方非政府组织作出努力,乃是争取广大发展中国家赞同票数的重要举措。否则,发展中国家很可能会因为担心WTO对非政府组织开放会加剧南北力量悬殊而反对建立这一协调机制

(五)非政府组织委员会中应设立投诉渠道

非政府组织可就WTO多边贸易体制下各成员国履行承诺和义务的状况进行监督,或者就其受到的不公正、不合理待遇向

① 《建立世界贸易组织的马拉喀什协定》第一条。

非政府组织委员会投诉,非政府组织委员会必须给出答复和处理意见。这是一项给予非政府组织监督权力的措施,这种监督可以克服 WTO 多边贸易体制的体制性问题,如缺乏民主和透明度,从而能"敦促"成员国政府自觉履行承诺和义务,同时也是非政府组织维护自身权利的保障。在设立了对成员方进行投诉的体制内渠道以后,非政府组织以包括游行、示威,甚至更激烈的体制外手段控诉 WTO 多边贸易体制的情况将会大大缓解。

三、对该协调机制的评估

以联合国模式为基础所构建的协调机制的基本目标就是协调非政府组织与 WTO 多边贸易体制的冲突,给予非政府组织参与 WTO 多边贸易体制表达自身意愿的机会,通过非政府组织的参与使得 WTO 多边贸易体制体现更多的民主性、信任度、透明度、包容性。以这一目标作为衡量与非政府组织协调机制的标准,可以做以下评估:

(一)确立分类准入标准。按照非政府组织对 WTO 多边贸易体制的功能赋予它们不同的职能权利,使它们各尽所能、各展其才。这种分类具有很大的包容性和开放性,只要符合进入条件的都可以授予咨商地位;对于已具备咨商地位的,如果没有合理地行使权利或者没有履行义务的,总理事会可以剥夺其咨商地位。这种程序规则保障了该协调机制在公正性和透明度方面的优势。

(二)设立专门投诉渠道。授予非政府组织监督权利,"敦促"成员国谨慎地履行承诺和义务。这是利用非政府组织在国际社会中的道义力量来"敦促"相关成员国的行为,充实了 WTO 多边贸易体制下履行国际义务的方式。①

① 俞毅、范悦诚:"论 NGO 对国际贸易的作用及相关对策",《经济纵横》,2004 年第 12 期,第 4 页。

（三）重视南方市民社会。这是基于国际社会现实、对弱势群体的充分考虑出发的。非政府组织是市民社会发展的组织化形式，是经济发展到一定阶段才充分成熟完善的。因此，落后国家的非政府组织相对较弱，在 WTO 多边贸易体制中往往呼声较小，不能充分表达自己的意愿，对一些全球性问题往往缺乏敏锐的洞察力。通过这一协调机制，WTO 多边贸易体制可以更好地了解发展中国家的意愿，通过与非政府组织合作开展援助计划，促进发展中国家的经济建设和社会建设，平衡南北的巨大发展差距。

总之，该协调机制在联合国模式的基础上，参考其它模式而构建，它为 WTO 多边贸易体制中的突出问题提供了一些新的思路，并期待能够在实践中得到不断的完善。

四、构建该协调机制的障碍及对策

（一）非政府组织自身存在的问题

1. 法律人格不健全

与其他组织一样，非政府组织的法律人格也需要得到国家直接或间接的承认。在现行法律体制下，非政府组织组织参与国际活动的法律人格往往需要以其国内法律人格为基础。但是，各国法律对非政府组织的法律人格规定却是千差万别，并欠缺稳定性。因此，即使是获得国家法律正式承认的非政府组织，也可能随时因为法律的更替而丧失国内的法律人格。而对于国家没有正式承认的非政府组织，其法律人格就更加不具有确定性。对于这一类非政府组织，甚至其人员、资金、场所等基本情况以及这些情况的变化都难以认定。因此，各国际组织虽然不完全排斥未经其所在国法律承认的非政府组织，但是考虑接受并赋予其一定法律地位时还是比较谨慎的。此外，在国际法、国际经济法领域探讨的非政府组织大多数是国际性的非政府组织,其通过国际组织内部的协调机制的认可,获得从一国的领土范围延伸到从事跨国活动所必需的一定的政治空间、行政空间、经济空间的非政府组织合法地位。然而,由于国际人格的认可很大程度上以国内法律人格的存在为基础,所以,非政府组织国内法律人格的不稳定性会对其国际人格产生传导作用:非政府组织随时可能因为国内法律人格的丧失而被一些国际组织排除在外。

2. 缺乏权力制衡

非政府组织的基金来源主要有:社会私人的捐赠;经济组织的捐赠;政府或政府组织的经济支持;非政府组织本身运作所获得的收益(该收益不能作为利益直接分配给组织成员或者捐赠人)。非政府组织所获得的这些收益绝大多数都是捐赠人自愿的、无附加条件的赠与。而非政府组织则应当依照其组织宗旨、资金运作规范来利用这些资金,向公众提供服务。而非政府组织权利的制衡则应当围绕这些资金的来源和运作展开。但实际上,非政府组织资金来源多样化,运作流程缺乏必要监督,非政府组织缺乏最基本的权力制衡。

依据非政府组织财产的流向,可以将非政府组织财产权利理解为:委托权(捐赠人)、受托权(非政府组织)和收益权(非政府组织的公益价值目标的受益人)的分离。其中,捐赠人与受益人的权利均取决于受托权的合理行使,并因此应对受托人,即非政府组织进行监督。但是,捐赠人在进行了无条件的捐赠后,一般情况下并不会去行使任何委托人的监督权力。而由于非政府组织获得捐赠的广泛性,使得公益产权名义上归属于社会大众但事实上却被虚拟化了,成为没有明确产权归属的虚拟产权。因此,受益人也很难对受托人发挥监督作用。非政府组织成为对于一个组织及其内部成员来说没有约束机制的处所。[①] 任何责任如果缺乏监督约束,就很容易变质。在缺乏外部监督的同时,非政府组织内部是否能够提供任何有效的监督,也就变得扑朔迷离。

在真正的捐赠人放弃监督权的同时,另一些伪装的捐赠人却在滥用自己的权利。当非政府组织无法抗拒利益集团的诱惑时,极易沦为利益集团的傀儡。就非政府组织的性质而言,其乃是基于某个共同的公益性或者互益性目标而构建的集体,它强调具有相似信念目标和利益的人际之间的联系,结果导致一个人际网络的建构,而不是一个仅强调形式的或法律的架构。[②] 由于非政府组织对于资金来源的依赖性、其人际网络很容易受到利益感染,被利益团体(如某些跨国公司)所利用,从而失去其独立性、中立性。此外,由于非政府组织的管理是自律性质的,其成员都是志愿为了组织的目标而工作,但是不少志愿人士只是把它作为兼职工作,流动性大,管理也比较松散。因此其内部人际联络的脆弱性,更加剧了其易被利益倾向所左右的可能。

除了典型的利益集团污染以外,非政府组织本国政府或政府机构的辖制也会导致非政府组织公益目的的扭曲。非政府组织争取政府的支持无可厚非,但过分依赖政府则反而会丧失自主性、扭曲自己的使命和出现"科层化"[③]。如果任由国家和市民社会的权力"共谋"孳生,那么国家权力的无限制扩张势必损害民主力量的发展。"把非政府组织从政府的'雇员'转换为合作治理的'伙伴',才能切实发挥其民间治理功能,这不仅能建

① 王名:"NGOs 的问责、监督与产权问题",魏定仁主编:《中国非营利性组织法律模式论文集》,北京:中国方正出版社,2006 年版,第 213 页。

② 曹俊汉、范丽珠:"全球治理下非政府组织跨国效应的研究",《云南大学学报(社会科学版)》,2007 年第 5 期,第 89 页。

③ 科层化指"过分强调组织形式、成文的法律和规章制度等等,甚至颠倒了法规制度与组织目标的关系,使组织僵化"。陈如平:"论韦伯的科层理论及其对现代教育管理的启示",参见:http://58.54.132.26/hw/showarticle.asp? id=620,(2008 年 4 月 1 日登陆)。

立回应社会民主需求的社会化、多元化、自治化的互动治理机制，也有利于转型期的政府职能转化和提高管理绩效，从而真正确立政府的合法性、权威性和稳定的社会秩序。”①

3. 价值取向良莠不齐

非政府组织不仅数量庞大，类别繁多，而且其法律地位又具有不确定性。因此，没有统一的权威可以对所有非政府组织进行规范，各个非政府组织的组织模式、运作状况等情况天渊有别。非政府组织的这种鱼龙混杂的组织形态，反映到具体的非政府组织活动行为上，就成了各种消极或极端的行为：有的非政府组织倾向于采取非理性的暴力方式表达自己的意愿，有的非政府组织采取反全球化的姿态与WTO多边贸易体制作对，还有的则是无政府主义的倡导者，甚至与人类的基本价值背道而驰。因此，与非政府组织协调机制在发挥倾听市民社会有益呼声的作用的同时，对一些并不存在合作基础的非政府组织要注意甄别，分别对待。

4. 南北发展不平衡

发达国家与发展中国家的非政府组织力量的不平衡性所带来的最大恶果，就是使非政府组织的有效代表性大打折扣。如前所述，西方发达国家的市民社会发展比较成熟，其非政府组织无论是在经济实力、组织规模还是在影响范围上都远远超过了发展中国家的非政府组织。在多边贸易体制中，这些非政府组织所代表的，更多的是发达国家的观点和立场。而这些主张却往往是发展中国家根本无法接受的（无论是政治国家还是市民社会）。以1999年西雅图会议发生的大规模抗议与骚乱为例，非政府组织的主张一方面确实反映了国际社会在劳工、环保、人权、扶贫、教育等方面的发展，另一方面却加剧了发达国家与发展中国家的利益冲突。一些发展中国家甚至把这些非政府组织

① 马长山：“NGOs的‘民间治理’与转型期的法制秩序”，魏定仁主编：《中国非营利组织法律模式论文集》，北京：中国方正出版社，2006年版，第87页。

定位为来自富国的新干涉势力,另一股试图将代表的发达国家观念强加于穷国之上的势力,不管其行为是基于不了解穷国的社会现实,还是其他原因。[①] 因此,如何协调好非政府组织内部的代表性问题,如何强化发展中国家的非政府组织力量,成为该协调机制应当尤其重视的问题。

(二)非政府组织与 WTO 多边贸易体制协调机制存在的问题

1. 效益评估问题。

通过建立协调机制,非政府组织更多的参与到 WTO 多边贸易体制之中,并对其产生更大的影响。但是现实的影响与预期的价值是否吻合,吻合程度如何,这是作为协调机制的缔造者——WTO 最想要了解的问题。而作为非政府组织,其参与行动究竟对 WTO 产生了多大的影响,对实现其宗旨和目标具有多大的价值,也是指导其下一步行为的重要依据。因此,在非政府组织介入 WTO 各项活动的客观事实背后,在各非政府组织的多样性、复杂性与各有利与不利因素的相互抵消之中,究竟如何实现对协调机制较为准确的效益评估,专门委员会如何利用有限的人力财力去完成效益评估工作,成为一个需要思考的问题。

2. 运行监督问题。

与非政府组织一样,协调机制同样需要监督。在协调机制内部,存在非政府组织向委员会的投诉权,以及委员会在总结报告中向非政府组织提出整改意见,要求其作出回应的权利。非政府组织与专门委员会之间存在相互的监督。但是,对于在非政府组织与多边贸易体制的协调机制整体,却缺乏来自外部的监督保障。

3. 运作成本问题。

与非政府组织协调机制作为整个 WTO 多边贸易体制的一

① 俞毅、范悦诚:“论 NGO 对国际贸易的作用及相关对策”,《经济纵横》,2004 年第 12 期,第 4 页。

部分,不应当成为 WTO 多边贸易体制的沉重经济负担。在考察协调机制的可行性问题,包括设计机制职能的时候,负责任的做法是必须考虑到付出与所得的比例。倘若绕开成本问题而空谈应然性,这一做法最终会导致应然追求的无从实现。“如果它(非政府组织)只是代表非公众的,或是诸如无政府般的不合理利益,则它的参与只会徒增制定规则的成本,降低规则制定的效率。”①在 WTO 多边贸易体制内,经济效益永远是第一位的。首先,非政府组织委员会的筹建、运作成本巨大。在该协调机制中,专门委员会负责与非政府组织日常工作安排,庞杂的工作事务需要大量人力、物力的支持。但其作为 WTO 多边贸易体制下的一个边缘性质的机构,不可能获得很多经济支持。委员会沉重的工作负担,势必影响工作效率,乃至触发与非政府组织之间的矛盾,影响协调机制本身存在的意义。其次,在协调机制运行过程中,WTO 多边贸易体制与非政府组织合作项目实施所需成本的分担问题也需要进行切实考虑。另外,该协调机制对发展中国家的非政府组织的扶持成本如何支出,如何既能最大限度的实现扩大对发展中国家非政府组织的支持力度,又不会使该协调机制经济上无法负担,也是该协调机制运行成本中的重要问题。

(三)对策与建议

针对非政府组织及其与 WTO 多边贸易体制协调机制存在的种种缺陷与问题,可以从以下方面考虑解决之道。

1. 非政府组织合法地位的不确定性及不稳定性的存在,使其参与 WTO 多边贸易机制的法律人格存疑。鉴于这一问题在现阶段还不可能解决,协调机制有必要对非政府组织参与 WTO 多边贸易体制的活动范围采取谨慎的态度,然后非政府组织参与机制运行的实践中逐步扩大其活动范围。在确定非政府组织

① 刘志云:“论全球化进程中‘民主赤字’的消除”,《社会科学》,2006 第 1 期,第 85 页。

的权利时，可以根据非政府组织的性质和作用以及影响力对其在 WTO 多边贸易体制中的行动权利予以增减：对于那些还没有获得法律人格或失去法律人格的非政府组织，可以先在一定条件和小范围的赋予参与权利或减少已经赋予的权利；对于已经在一定范围内和一定条件下取得法律人格的，可以逐渐再扩大范围和减少条件的限制。[①] 当然，无论如何增减，必须以非政府组织自身的目标范围和保持 WTO 多边贸易体制作为政府间国际组织论坛的性质为限。以循序渐进的方式运行协调机制，可以有效地缓和非政府组织法律人格不健全对其参与国际事务带来的不便。

2. 在现今的法律体系中，非政府组织不可能取得像主权国家那样完全的国际法律资格。我们只能接受这一事实。但是这并不代表非政府组织的发展就此陷入桎梏。积极完善自身的组织形态和组织理念仍是非政府组织更多的参与国际事务的基础和根本所在。首先，从非政府组织的组织形态来看，那些取得有限合法地位的非政府组织，很多都是本身较为完善的组织，它们具备科学的组织管理、固定的资金来源、稳定的志愿成员等一系列要素，并在一定范围内具有重大影响力。而另一些非政府组织虽然也对 WTO 多边贸易体制产生了巨大影响，但限于它们的资源和能力，其很难得到官方国际组织的正式授权（比如互联网非政府组织）。其次，非政府组织的组织理念是其生存之本，这些组织理念包括，非政府组织的公益性目标、真实的代表性、民主的决策机制等等。举例来讲，非政府组织的资金来源是最应当体现其组织理念的内容。非政府组织要保持独立性，就必须维护其资金来源的纯洁性、政策支持的非政治性，对于附加任何不当条件的捐赠与支持均不应接受。对于其资金来源渠道、资金利用信息，应及时公开，接受公众的监督。如果非政府组织期

① 武兰芳："非政府间国际组织的国际法律人格限制性评析"，《华北电力大学学报（社会科学版）》，2007 年第 2 期，第 71 页。

望从 WTO 多边贸易体制中得到任何权利或信任，其追求的价值目标、代表的公共利益必须在透明度的保障下，显现出真实可信。非政府组织自身的完善才是其行为能力的最有力支撑，也是其获得 WTO 多边贸易体制尊重和重视的最好保障。

3. 由于非政府组织自身发展的不平衡性，某些非政府组织的非理性行为将一直存在。面对这一情形，协调机制应通过已经建立紧密联系的市民社会代表，对可能发生的非理性行为多加监控。一方面，世界是多元的，应当允许分歧意见的存在，并开展理性的对话工作。另一方面，激烈的冲突应当尽量被避免。一旦出现已经影响到 WTO 多边贸易体制的正常运作的激烈冲突，协调机制应当迅速地作出反应，承担起尽快找到矛盾的症结并化解矛盾的任务。

4. 非政府组织发展不平衡的另一个体现乃是地域上的不平衡。因此，协调机制的另一个重要职责就是平衡非政府组织在 WTO 多边贸易体制中的南北不平衡问题，应当积极通过对于发展中国家非政府组织政策倾斜、帮助其自身能力建设、为其提供良好的参与环境等方式，促进非政府组织对南方市民社会的表达。

5. 对该协调机制的效益评估问题则涉及到诚信问题。诚信是任何非政府组织与 WTO 多边贸易体制合作的基础。在 WTO 多边贸易体制向非政府组织敞开大门的同时，非政府组织也应当本着真诚合作的态度向专门委员会提供真实的情况、提交真实的报告，并对这些资料的真实性负责。

6. 要解决协调机制的外部监督问题，透明度是一剂良方。应当将该协调机制的运作状况通过各种信息渠道让公众知晓，接受公众的监督。

7. 该协调机制的日常运作成本可以由非政府组织进行一定的分摊，但该分摊必须在合理的范围之内，不能成为阻碍非政府组织参与有关事务的障碍。在费用问题上，也尤其应当注意对南方非政府组织的优惠待遇。在共同开展合作项目时的成本分担问题上，也可以视情况由非政府组织在能力所及范围内承担一部分。鉴于一些非政府组织在资金筹集方面比 WTO 多边贸易体制更具有优势，尤其是一些从事基金管理的非政府组织，其本身具有雄厚的经济实力，让非政府组织也承担一部分协调机制的开支也在情理之中。但是，费用分摊始终必须以不阻碍非政府组织的公平参与权为基本原则。

第三节　协调机制下非政府组织参与 WTO 多边贸易体制的具体运作方式及程序

一、日常联系

随着 WTO 与非政府组织之间的联系日益密切，WTO 开始考虑设立专门的部门主管与非政府组织的日常联系问题。1996 年，WTO 秘书处的外部关系处正式开始承担这一任务，意图规范和增进同非政府组织之间的日常联系。这些日常联系包括：1. 解答非政府组织向秘书处提出的一些咨询问题。2. WTO 秘书处的工作人员会定期与非政府组织的代表举行非正式会议。3. 为非政府组织提供简报。此后，随着秘书处有关工作经验的积累，以及工作程序和内容的模式化，秘书处将与非政府组织进行日常联系的工作做了进一步发展，这包括：1998 年 7 月，在 WTO 总理事会上，总干事罗杰欧通知各成员方，秘书处将采取一些新的步骤来增进同市民社会的对话。此后，从当年秋季开始，WTO 秘书处设立了为非政府组织提供日常工作简报的制度，并将这一制度不断发展，使之更便于非政府组织获取 WTO 的有关信息。在第一次简报时，仅有 20 个以日内瓦为基地的非政府组织参加。而且第一次简报仅针对媒体作出，没有传媒资质的非政府组织被排除在简报会之外，而只能通过媒体对外公布才能间接获得信息。之后，简报不仅越来越普遍，并且对参与简报的非政府组织的限制也越来越少。2007 年 3 月 27 日在日内瓦 WTO 总部召开的简报会上，WTO 总干事亲自向非政府组织简述了多哈回合谈判状况和进程，并给予非政府组织提问的机会。[①] 总干事也承诺和非政府组织的成员定期会面，讨论如何改进与非政府组织的关系和加强对话。

此外，秘书处还会将其每月收到的由非政府组织提交的立场报告汇编成册并散发给各成员方。与简报会相对应，这一举措令非政府组织的观点动态也有了传达给 WTO 成员方的日常渠道。而对于各成员方来说，也有助于获得其关心的实质问题的研究资料。

包括非政府组织报告汇编、非政府组织参与部长级会议和非政府组织研讨会的情况等内容，各成员方和公众均可在 WTO 官方网站于 1998 年 10 月起设置的有关非政府组织的专门网页中看到。

除去会议以外，秘书处与非政府组织之间的日常联系往来是非政府组织加深对 WTO 的了解，为参与正式的 WTO 多边贸易体制下的磋商会议做准备的重要方式。出于对参与事项、参与量以及参与处理方式的考虑，现行的以秘书处兼管与非政府组织日常联系的事务是恰当的。这正是与非政府组织协调机制中秘书处对专门委员会进行配合的具体方式。当然，随着非政府组织对 WTO 日常联系需求的增大和深化，秘书处可以将部分现有的秘书处联系工作体系化，使之如大多数的与非政府组织协调工作一样，交由总理事会非政府组织专门委员会处置。

---

① 相关信息可见 WTO 网站新闻，WTO Director-General, Pascal Lamy, Briefed NGOs on the State of Play of Doha Round Negotiations, http://www.wto.org/english/forums_e/ngo_e/ngo_briefing_e.htm，(2007 年 3 月 3 日登陆)。

二、参与部长级会议

除去一般的日常联系以外,由于部长级会议是 WTO 规则形成的主要场合,参与部长级会议成为非政府组织积极了解 WTO 事务,并试图影响规则制定过程的最重要途径。从新加坡到香港,我们可以看到越来越壮观的非政府组织与会人员队伍,可以感受到 WTO 对于非政府组织所采取的越来越积极宽容的态度,但是,WTO 框架下并未形成非政府组织参与部长级会议的法律机制,恰恰相反,总理事会于 1996 年 6 月 18 日通过的《与非政府组织关系安排的指导方针》中明确说明,WTO 与非政府组织的联系是临时的(ad hoc)而不是正式的或体制性的。显而易见,将非政府组织对 WTO 的影响力仅仅定位于为临时的、不稳定的,是远远不够的;既无法实现非政府组织对于 WTO 的有益价值,也不足以帮助 WTO 化解来自非政府组织所代表的市民社会的外部压力。因此,对于非政府组织参与 WTO 部长级会议的协调机制而言,首先要解决的就是非政府组织参与部长级会议的法律依据问题,必须首先逆转非政府组织仅仅是 WTO 临时联系对象的法律地位,只有在这一基础上,才具有进一步构建参与部长级会议协调机制的价值和意义。

(一)认可制度

非政府组织要获得参与部长级会议的权利,首先必须遵守 WTO 规定的认可制度,亦即关于发放部长级会议的门票的标准和程序的制度。在新加坡会议上,符合认可制度的非政府组织具备三个条件:1. 该非政府组织必须不是由政府通过国际协议建立的国际组织;2. 该非政府组织须证明自己对谈判议题具有专长或其他利益关系;3. 该非政府组织必须证明自己不是任何政府的一部分,并且能够自由表达其独立立场。① 待到西雅图会议上,经过前两次认可制度的实践,这次会议非政府组织的认可制度采用了尽速便利的原则,即凡是在前两次部长级会议中获得认可的非政府组织可以申请并即时获得认可;但未获得认可过的非政府组织必须提交书面申请,证明自己与贸易相关的特征。2005 年 12 月 13 日至 18 日,WTO 多哈回合在香港举行了第六次部长级会议。WTO 秘书处很早就开放了非政府组织网上认证系统,邀请有参与意愿的非政府组织在当年 7 月 29 日前通过网络提交认证申请。

可见,非政府组织参与认可制度的实质性要求以及程序性要求均在与时俱进,日益宽松和易于操作。但在非政府组织与 WTO 的理想协调机制下,部长级会议的认可制度应当与 WTO 常设非政府组织专门委员会的认定标准相一致。专门委员会认定的具备咨商地位的非政府组织均应被认为有权参与 WTO 部长级会议;在程序上,申请参与部长级会议的时间应在不影响会议进程安排的前提下尽量宽松,对于申请应予以即时认可。而对于不具备咨商地位,临时申请参与部长级会议的非政府组织,在其通过认可程序后,应当随即按照咨商地位非政府组织的分类标准,对其进行分类,以便于其及时明确参与部长级会议的权限范围。

(二)参与权的范围与方式

非政府组织初次参与 WTO 部长级会议时,非政府组织不具有观察员(observer)的资格,而仅仅是以会议参与(attend)者的

① Daniel C. Esty, "We the People: Civil Society and World Trade Organization", in Marco Bronckers and Reinhard Quick (eds), New Directions in International Economic Law, The Hague: Kluwer Law International, 2000, p. 90.

身份参与工作会议。[①] 在第二次部长级会议上，非政府组织除了参加非正式的工作会议外，还参加了由秘书处主持的日常简报发布会——这是第二次部长级会议的一个特色，并被非政府组织视为一个 WTO 保证其透明度的真正的信号。[②] 不过非政府组织仍然通过示威游行或其他温和的方式向秘书处表达了不能参加正式的工作小组会议的不满。

而对于西雅图会议的参与除了体现在会议进行过程中，还体现在会议筹备过程中。筹备过程可分为两阶段，第一阶段被称为“议题确定”阶段，从 9 月份一直延续到 1999 年 2 月份，WTO 秘书处一直以日常简报发布会的形式向非政府组织传达筹备的进程。这个阶段发布的大量文件基本都是不限制的，可以在 WTO 网站上获得。筹备过程的第二阶段被称为“建议驱动阶段”，WTO 收到 235 份个人建议，其中 169 份是不限制的，可以在网站上获得。在这个阶段，WTO 秘书处通过正式或非正式的途径频繁地向非政府组织发布简报会。除了简报会，WTO 工作人员还通过电话或网络回复非政府组织的疑问向非政府组织传达最新的信息。WTO 秘书处每日都在非政府组织中心对与会非政府组织代表进行简报。尽管非政府组织仍然无权参加工作小组讨论，但这次会议中，一些成员方吸收个别非政府组织成员作为自己的代表，使得部分非政府组织代表实质上参与了工作小组的讨论。

多哈部长级会议期间，WTO 将与非政府组织的对话列入了议事日程。在这次会议期间，WTO 秘书处安排了非政府组织的活动计划。这些计划的内容由感兴趣的成员方和非政府组织代

① 这是因为，观察员制度来自于联合国的实践，被政府间国际组织所广泛采纳，意味着出席国际组织的有关会议，并对派出国汇报的权利。因此，WTO 下的观察员制度主要针对政府以及政府间组织设置的。根据《政府间国际组织在 WTO 享受观察员地位的指南》，被授予观察员资格的政府间国际组织可获取 WTO 的主要文件，可以被邀请在某一会议上发言。而作为会议一般参与者的非政府组织则不享有在会议结束时总结陈词的权利。

② Pedersen, the World Trade Organization and Non-governmental Organizations. p. 12. http://www. ictsd. org/dlogue/1998-sept/pedersen. pdf.

表协商后共同确定。这次会议对非政府组织开放的活动包括：1. 日常非政府组织简报会。秘书处为已经登记的非政府组织举行每天一次或两次的有关大会会议进程的工作简报发布会。这些简报发布会一般是由希望同非政府组织进行交流的成员方部长或官方代表来主持。2. 特定问题的非政府组织简报会。有关特定问题的简报由总干事或秘书处工作人员集中地向登记的非政府组织发布。特定问题主要是那些大会主持国和非政府组织感兴趣的问题。3. 由秘书处组织的研讨会。WTO 秘书处就非政府组织感兴趣的问题组织研讨会。这些研讨会在非政府组织中心举行,同时面向多哈会议的所有与会者开放。

从坎昆会议到香港会议,非政府组织以联盟立场表达自己立场的趋势日益凸显。非政府组织以联合备忘录和共同声明等形式向部长级会议提出自己的主张。

与会非政府组织参与部长级会议的形式和权限问题,是非政府组织参与部长级会议,乃至参与 WTO 的核心问题。但是,从 1996 年到 2005 年期间,非政府组织虽然参与了六次部长级会议,但参与的权限非常有限。非政府组织在部长级会议的参与仅限于全体大会,并不得发言。这对于目前进行网络直播的部长级会议而言,非政府组织的参与意义不大。[①] 而对于非政府组织是否应当参与工作小组讨论等小规模会议,这涉及到 WTO 会议制度本身的民主改革问题,并非非政府组织一方之力可以解决,因此,也不宜过早的将其纳入到与非政府组织协调机制范围内考虑。量力而行的做法是,将已有的非政府组织参与部长级会议的范围和方式以协调机制加以固定和体系化,使之成为常态。

① Peter Van den Bossche, NGO Involvement in the WTO: A Lawyer's Perspective on a Glass of Half-full orHalf-empty? p. 13. http://www.unimaas.nl/bestand.asp? id =6981,2007 年 7 月访问。

(三)资料获取与活动的便利

毫无疑问,在与会的非政府组织当中,那些具有较多资源、财力的组织能向国际会议派出代表,传递收集的信息,而资源相对匮乏的非政府组织所起到的作用也较弱。部长级会议为非政府组织提供的获取资料与活动的便利就成了均衡贫富非政府组织影响力的有效安排。因此,从非政府组织第一次参与 WTO 部长级会议时起,会议就注意为它们安排便利的参会环境。[①] 同样的,这一便利化安排也是在会议中不断发展的。比如,日内瓦会议就将非政府组织的办公场所移至部长级会议召开的同一大楼里,以便使非政府组织代表有更多接触各成员方代表的机会,并更易获取会议有关资料。此外,会议中心、计算机、网络、文印以及闭路电视等设备的规格也随着非政府组织越来越多的参与部长级会议而逐渐提升。

鉴于便利的非政府组织与会条件,不但反映了 WTO 对于以非政府组织为代表的市民社会的监督的积极态度以及实施会议民主化、透明化的切实行动,也有助于提升非政府组织实际参与部长级会议的效果和对全球市民社会呼声的代表性,在该协调机制中,应当明确地规定总理事会及其专门委员会及秘书处应当尽最大的努力,为参加部长级会议的非政府组织营造便利的与会环境,包括但不限于:获取会议议程安排及进程的时间和途径上的便利;获取会议有关资料的时间和途径上的便利;与与会政府代表接触的便利;进行与会议有关社团活动的场所的便利;便于参加会议的空间和设备上的办公便利。

三、非政府组织研讨会

除了允许被认可的非政府组织参与部长级会议,WTO 与非

① 马进:"当前非政府组织活动的特点",《当代世界》,2003 年第 11 期,第 41 页。

政府组织非正式联系的另一种途径是为非政府组织举行研讨会。自1996年以来,秘书处为非政府组织安排了许多研讨会。研讨会总体上可以分为两类,一类是专题性质的研讨会,便于非政府组织、学术团体、公司企业探讨贸易与相关政策之间的联系。这类型的研讨会一般针对一些有关市民社会切身利益的特定问题;另一类是一年一度的公众研讨会,这种研讨会主题较为广泛,主要是针对WTO谈判进程中的议题以及WTO自身面临的体制改革。非政府组织研讨会的与会人员包括WTO部长、政府高层代表以及国际政府间组织代表。总体上讲,这些讨论会在一个非正式的场合为非政府组织提供了一个同WTO成员方代表讨论相关问题的机会。借此,WTO回应了时下非政府组织强烈的参与需求,又避开了成员方之间就确定非政府组织法律地位、实质性权利和义务的分歧。

非政府组织研讨会的实效的保障,关键在于与会人员的选择。与非政府组织协调机制应当将与会人员的甄选制度纳入其中。专门委员会在组织非政府组织研讨会时,应当注意邀请各有关方面代表参加,尤其应当注意:1.应当邀请有关官方部门代表,包括政府代表和政府间国际组织代表;2.应当注意邀请代表与会议议题的专业契合性;3.应当注意不同身份代表结构的合理性;4.应当注意保护发展中国家尤其是最不发达国家的参与权,必要时向其提供必要的资助。此外,会议议题的选择、议程安排、会议成果处置等相关事宜均应在该协调机制下加以明确。对于报告年会,则应当对会议安排时间规律问题进行规制。

四、参与争端解决机制

如前所述,非政府组织参与WTO争端解决程序不但具有理论上的合理性,且已经是既成事实。因此,将司法协调内容纳入到该协调机制无疑是必要的。但是,与参与部长级会议不同的是，非政府组织参与 WTO 争端解决程序存在 WTO 条约法上的障碍。故本部分的首要任务在于为非政府组织参与 WTO 争端解决程序扫清法律障碍，在此基础上，才能够进一步进行该协调机制的构建。

（一）非政府组织参与 WTO 争端解决程序的现行制度

1.《指导原则》的有关规定

非政府组织参与 WTO 争端解决的一个主要制度问题来自《指导原则》的有关规定。《指导原则》确定了 WTO 与非政府组织交流制度框架的同时，更重要的是，确定了 WTO 对非政府组织的态度原则，即一方面肯定了非政府组织对 WTO 有关工作的主要意义，另一方面又对非政府组织对 WTO 活动的参与严加限制。这些限制在非政府组织参与 WTO 争端解决程序的问题上影响尤为明显。

首先，《指导原则》规定，要参与到 WTO 的活动中，非政府组织必须证明其与活动主题的相关性。例如非政府组织要参加的部长级会议，按照现行制度，其必须向秘书处递交书面申请登记注册材料，说明其与参加事务相关的工作范围，通过秘书处审查后，其才能登记派员参加。在讨论相对抽象的与贸易有关政策和制度的时候，相关性要求是较易达到的，因为立法者有义务对各个方面的社会效应作尽可能全面的考虑，而不是仅仅专注于法律领域。但是，在 WTO 争端解决机构的准司法性的规制下，案件的相关性考量类似于正式司法程序中的证据相关性考量。因此，不涉及法律规定的，抽象的社会效应考量被认为是与争端解决程序无关；此时再要求非政府组织要满足《指导原则》所规定的参加活动相关性条件，很可能就是将绝大多数非政府组织排除在争端解决程序之外。所以，要完成非政府组织参与 WTO 争端解决程序的制度构建，必须首先扫除《指导原则》过于严厉的相关性障碍。

第二,《指导原则》规定“为了达到更具透明度的目的,必须保证非政府组织获得更多有关活动的信息”。但是,诚如前文所述,有关活动的界定本身就可能对非政府组织参与 WTO 活动构成障碍。撇开相关性问题,抽象的程序性规定也很难令透明度目的真正的实现。《指导原则》规定的透明度原则需要 WTO 内部设立的专门性非政府组织委员会的机构保障 ,以及针对非政府组织向 WTO 反馈信息和表达意见的权利和途径制定的实施细则护航。更为重要的问题是,《指导原则》规定的“透明度”是 WTO 告知和教育其他组织的“透明度”,而不包括其他组织向 WTO 反馈信息的内涵。因此,当这一不符合透明度改革的内涵遭遇准司法性的争端解决程序时,几乎形同虚设。因为与互联网转播的部长级会议,以及以非政府组织为主导的研讨会相比,具有准司法性的争端解决程序更为严谨,是少数人进行的秘密程序,如果没有 WTO 法作为依据,非政府组织事实上很难介入,即使介入也几乎不能发挥实质性影响。正如萨瑟兰所言,单方面的“透明度”不是真正的透明度,WTO 与非政府组织单向的信息交流并不能带来真正的“透明度”。①

2.《争端解决谅解》的有关规定

非政府组织参与 WTO 争端解决程序最重要的制度障碍源自《谅解》中的有关规定。《谅解》是 WTO 争端解决机制的“宪法性”规定,其明确了参与 WTO 争端解决机制的主体(包括当事方和第三方)仅限于 WTO 成员方。比如,《谅解》第 1 条第 1 款中规定:“本谅解的各项规则及程序,应适用于根据本《谅解》附录所列各项协定的协商和争端解决规定所提起的各项争端。本《谅解》的各项规则和程序,也应适用于各成员方之间关于它们在《建立世界贸易组织协定》规定和本《谅解》规定下的权利和义务的协商和争端解决。”《谅解》第 3 条第 2 款进一步强调

① 彼得·萨瑟兰著,蒋苏晋译,“WTO 的未来(四)——应对新千年的体制性挑战”,《WTO 经济导刊》,2005 年第 9 期,第 25—29 页。

了争端解决机制的职能是为了“维护成员方根据协议所享有的权利和义务”再如,《谅解》第 10 条规定在争端中有实质利益关系并已经通知 WTO 争端解决机构的“第三方”成员方也可以参与争端解决程序。《谅解》第 17 条第 4 款规定:“只有发生争端的各当事方,而非第三方,可以对专家小组的决定提起上诉。已经向争端解决机构通报其在事件中有重大利益的第三方,可以向受理的上诉机构提出书面意见,并由该机构给予机会听取其意见。”在《谅解》林林总总的规定中,均是针对成员方的参与争端解决程序的活动准则,并无非成员方参与的规定。按照《谅解》的规定,只有成员方才有作为某一特定争端的当事方或第三方参与的法律权利,才能向专家组提交意见并由专家组审查这些意见。因此,对于专家组来说,它也只需要对那些作为当事方或第三方的成员方在专家组程序中提出的意见,履行法律上接受和适当考虑的义务。根据目前的《谅解》及其适用协定的规定,这些权利不适用于个人或国际组织,无论其为政府性的还是非政府性的,从法律上讲,国际市民社会不享有直接影响争端解决结果的任何权利。另一方面,根据《谅解》关于争端解决程序的规定,争端解决过程的实质性会议并不开放,提交专家组和上诉机构的书面意见书为保密材料,专家组和上诉机构的审议情况也是保密的。令 WTO 争端解决程序违背 WTO 的透明度原则,使得争端裁决大大脱离公众监督,即使是 WTO 成员方也感到裁决过程犹如“秘密造法”,令成员方对于未来贸易政策的走向缺乏应有的掌控。以美国为首的一些成员方就曾提出提案,建议争端解决机制应效仿多数国际机构的争端解决机制,扩大透明度:专家组、上诉机构、仲裁等阶段的实质性会议向公众开放;除机密信息外,向专家组、上诉机构和仲裁员提供的所有陈述材料均应公开;当事方获得专家组报告的同时,该报告亦应对外公布。[①] WTO 争端解决机制中的这些保密规定与前文所述的排除非政府组织参与权的规定交织在一起，形成一道非政府组织影响 WTO 争端解决的坚壁。

毫无疑问，非政府组织对 WTO 的司法参与是符合民主与透明的法律价值的。而上述法律制度障碍所体现的，乃是 WTO 对非政府组织参与争端解决程序的方式方法的担忧，因为对任何法价值的追求均需提防矫枉过正。因此，构建一个较为合理的非政府组织与 WTO 司法协调机制，是消除非政府组织参与争端解决程序法律制度障碍的最佳方法。

（二）非政府组织参与 WTO 争端解决程序的制度构建

如前文所述，非政府组织参与 WTO 争端解决程序的法律依据存在不足，致使要将非政府组织参与争端解决程序这一内容纳入与非政府组织协调机制安排时，存在一定的阻碍。因此，需要理清 WTO 争端解决机构的性质，并从现行协定安排中寻找改革的契机。

1. WTO 协定安排

WTO 各成员方在一些 WTO 的有关协定中，规定了与非政府组织发展关系的条款。《建立世界贸易组织协定》第 5 条第 2 款规定，“总理事会可就涉及有关事项的非政府组织进行磋商和合作做出适当安排”。《与非政府组织关系安排的指导原则》确立了与非政府组织合作的基本框架，其主要内容包括：(1) 重申遵循《建立世界贸易组织》第 5 条第 2 款所确立的基本原则；(2) 各成员方认识到非政府组织能起到增进公众对相关活动的认知程度的作用，因而愿意提高透明度并发展同非政府组织之间的交流；(3) 为了达到更具透明度的目的，必须保证非政府组织获得更多有关活动的信息，特别是比过去更快地取消对获取

① 杨国华、李泳笼著：《WTO 争端解决程序详解》，北京：中国方正出版社，2004 年版，第 416 页。

有关这些活动信息的文件限制，秘书处将使相关资料包括已经取消限制的文件在互联网上公布；(4)秘书处应积极的采用各种方式，发展同非政府组织的直接联系；(5)如果各理事会或委员会的主席参加同非政府组织的讨论会或其他会议，他应以个人名义参加，除非该理事会或委员会做出其他的特别决定；(6)各成员方重申 WTO 是一个对其成员方的有关权利和义务具有法定拘束力的政府间组织。

从提高透明度的角度看，WTO 作出了相应的促进与非政府组织信息交流的制度安排。总理事会 1996 年 7 月通过了《关于 WTO 文件的传播和解除限制的程序》的决议。根据该程序，属于官方系列的 WTO 文件被不受限制地传播，除非该文件属于该程序附件列举的受限文件的范围。1998 年 7 月总干事鲁杰罗宣布了一项加强与非政府组织合作的计划，具体措施包括对外关系部门启动面向非政府组织的 WTO 各委员会和工作组定期简报，秘书处每月向成员方通报非政府组织提交的文件清单等。

此外，在《技术性贸易壁垒协定》和《实施卫生与植物卫生协定》中，通过为非政府组织设定义务，将非政府组织涵盖于协定范围之内。要求成员方确保非政府组织、中央或国家政府、地方政府在标准的制定和监管方面承担相同的义务。该协定附件一将“非政府机构”定义为“中央政府机构和地方机构以外的机构，包括有执行技术法规的法定权力的非政府机构”。《动植物检疫协定》中也有类似的规定，其要求成员方确保与非政府组织共同遵守该协定。从这两个协定的规定可以看出，在非政府组织力量尤其强大的领域，WTO 在与非政府组织的关系安排上进行了务实的考虑：非政府组织的磋商请求，以及非政府组织要求参与活动的部分请求均得到了 WTO 的承认。

“而贸易救济措施协议甚至可以理解为非政府组织有机会

参与和影响 WTO 的争端解决。”[①]《补贴与反补贴措施协议》第一条要求进口国当局在对补贴措施进行调查的时候必须给有代表性的消费者组织提供机会，让其提供有关补贴、损害和因果关系等方面的信息。《反倾销协议》第一条也规定了一个让消费者组织参与的类似机制。《补贴和反补贴措施协议》和《反倾销协议》常被称为“生产者协定”，因其主要目的是保护生产者而不是消费者的利益，但是消费者组织可以利用上述这些规定所提供的机会介入有关国家的国内调查程序，这种非政府组织介入后提供的材料和意见以后可能成为提交争端解决机构的证据或论据的一部分。另外，《装船前检验协议》第 4 条规定，设定一个独立机构以对出口商和装船前检验机构之间的争议做出裁决。该独立机构于 1996 年 5 月 1 日开始运作，它由 WTO、国际商会以及国际检验机构联合会组成，而由 WTO 管理，非政府组织可直接参与主持有关协议的争端解决。

从以上 WTO 协定中可以看出，从原则性规定，到具体的措施，WTO 始终抱着与非政府组织沟通协调，充分利用非政府组织的有益作用的态度。对于非政府组织参与 WTO 的争端解决程序问题，在《关于争端解决规则与程序的谅解》中虽然并没有明确的规定，但在一些协定中，仍然为非政府组织的参与留有解释的空间，乃至改革的可能。

2. WTO 争端解决机制的性质

学界主要存在的 WTO 争端解决机制性质的看法，主要有司法体制说、政治机构说和准司法体制说三种，学者们迄今尚未形成较为一致的看法。

笔者认为，WTO 争端解决机制并未成为一种完全意义上的司法机制，但也不仅仅是提供政治协商的机构，而是兼有二者的特点，因此将其称为准司法机制更为合理。WTO 争端解决机制

① 严蓉：《非政府组织与 WTO 有效磋商之探讨》，《贵州警官职业学院学报》，2005 年第 3 期，第 43 页。

对争端案件有一定的强制管辖权，专家组和上诉机构具有很强的独立性，针对争端所做出的建议和裁决对于争端各方具有很强的约束力，并具有保障其得以被切实履行的法律措施。但《谅解》的相关规定还是为政治和外交因素的介入提供了契机，如第4、5条规定的协商、斡旋、调停和调解程序，第7条对专家组职权的弹性规定，第13条对专家组自行收集证据的规定，第25条规定的专家组中期审议程序等。实事求是地来看，尽管一直在强调WTO争端解决的法律性，但这主要还是从其争端解决的过程来看，而从这个机制所产生的影响来看，首要的就是一种政治影响。WTO的成员主要的还是独立主权国家，在世界大舞台上，一个成员被别的成员起诉，对这个成员无可避免也会产生一定的政治压力。

WTO争端解决机制的准司法性也为非政府组织的参与提供了制度空间。《谅解》第4、5条规定的争端解决包含有政治和外交因素，因此争端双方进行协商时，非政府组织就有可能通过影响成员方政府的政策来影响争端解决。在"美国对虾和虾产品的进口限制案"中，美国将非政府组织提供的"法庭之友"意见书作为本国意见的一部分，提交给专家组。而"英国钢铁公司案"的裁决确认了非政府组织可以绕过本国政府，直接向争端解决机构提交"法庭之友意见书。此外，《谅解》规定的不确定性，为专家组和上诉机构的解释留下很大的余地。第13条规定专家组有自行收集证据的权利，在争端解决实践中被上诉机构解释为包括主动接受非政府组织提交的意见书。《谅解》作为WTO争端解决的法律依据，既没有明确肯定，也没有明确否定非政府组织通过"法庭之友"的方式提交意见书的权利。争端解决机制作为WTO解决贸易争端的最后手段，具有类似于司法机构的功能，其所做的建议和裁决具有很强的约束力，并有保障履行的法律规定，关系到当事方政策的重大改变，不仅在贸易领域，而且在相关领域，如环境、劳工标准等领域都会产生重大的影响。因此,作为解决国际贸易争端的重要机构,争端解决机制完全可以参照一些国际组织解决国际争端的做法,如国际法院、欧洲人权法院、美洲国家间人权法院、国际海洋法法庭等,接受非政府组织的参与。

(三)非政府组织与 WTO 司法协调机制构建

由上可知,虽然存在现行 WTO 有关协定设置的制度障碍,但也并不是完全没有构建非政府组织与 WTO 司法协调机制的余地。笔者认为,在 WTO 与非政府组织协调机制中仍可以考虑纳入司法协调内容。在 WTO 非政府组织专门委员会中,应针对 WTO 争端解决机制的特殊性,制定一套专门的司法协调工作程序。该程序既需要符合非政府组织参与 WTO 活动的一般规定,又应当尊重《谅解》的有关规定,成为符合现行 WTO 协定的非政府组织协调机制的特殊的工作程序。其特殊性主要体现在以下内容中:

1. 许可资格

如上述,在衡量非政府组织是否有资格参与争端解决的问题上,可以依据以下几个方面确定:(1)非政府组织在 WTO 中是否已经具有咨商地位;(2)已取得咨商地位的非政府组织在 WTO 中被划归何种类别;(3)非政府组织与争议案件是否具有公共意义上的相关性。

首先,(1)可以作为判定该非政府组织是否具有一定程度的代表性的依据。对于已经取得咨商地位的非政府组织,可以认可其对民意的代表性。此种默认制度有利于减轻争端解决机构判定非政府组织参与资格的工作负担,也有利于提高非政府组织参与争端解决程序的运作效率和可预见性。其次,(2)可以作为该非政府组织具有某种专业能力的依据。对于分别属于行动型、学术型、基金型的非政府组织,可以依据其所属分类判定其当然具有哪方面的专业才能。从而帮助争端解决机构更快捷、便利的对所诉事件作出客观评估。再次,对于咨商地位非政府组织,(3)的判定依然可以从专门委员会持有的申请及检查材料中获得方便:该非政府组织在本案中是否受到经济导向的影响;其资助人是否与本案休戚相关等等。在很多情况下,非政府组织参与的价值在于,他们代表了人类对公共利益的诉求,对争端处理结果在健康、环境、人权等公共利益层面上的影响提供信息,如果它们不再代表公共利益,其参与也就不再有意义。

其次,非政府组织提交的意见书应是高质量的,与争端应是相关的,提出来当事方和第三方没有提出的证据和论点。意见书应该有助于专家组作出高质量的裁决而不是增加专家组的负担。非政府组织需要提出当事方没有提出的事实和信息,如果只是重复当事方提交的信息,就不应该被接受。在美国版权法案中,非政府组织提交的"法庭之友"意见书就因为被专家组认为没有提出新的事实,而没有被接受。

2. 参与地位

基于对《谅解》有关规定及非政府组织现有的参与实践经验的考虑,非政府组织参与 WTO 争端解决程序的地位界定为"法庭之友"是较为适宜的。但是,我们必须注意到的是,此处的"法庭之友"安排应当与一些国内司法体系中的"法庭之友"制度加以区别。多数国内的司法实践中采取的态度是将"法庭之友"作为法院许可案外人参与诉讼的一种特殊程序,案外个人或组织参与到诉讼程序中的前提是法院的同意,美国一些州法院还要求首先必须经过当事人或其代理人的同意。但是,在 WTO 争端解决程序中,非政府组织作为"法庭之友"参与争端解决的一个重要目的在于增强国际市民社会对于 WTO 多边贸易体制的参与,从而缓解 WTO 的外部信任危机,因此,非政府组织对争端解决程序的参与权如不能独立于争端当事方,这一目的就难以实现。

在与非政府组织司法协调机制中,非政府组织应当取得独立于争端当事方的独立身份,且这一身份应有别于第三方成员方的身份。因为第三方成员方系与案件的处理结果有实质利益关系的成员方,而非政府组织既不具有成员方身份,也没有这种利益关系。在协调机制中,经非政府组织专门委员会审定的非政府组织应都可以提出意见书,专家组和上诉机构在拒绝采纳非政府组织的意见时应当说明理由。非政府组织提供的意见在案件审理中应起到一种辅助的作用,在其提高争端解决处理的质量,令裁决更公正的同时,非政府组织的参与不应当导致程序不适当的延误和造成发展中成员实质性的额外负担。

另外,WTO 争端解决机制具有的保密性是其遭到批评最多的地方。非政府组织对 WTO 争端解决参与问题解决的基本前提,就是扩大争端解决的透明度。WTO 非政府组织专门委员会应当与 DSB 建立日常联系,成为专家组审理时间表等有关资料的获取平台,尤其应按照 DSB 对案件性质的界定以及委员会对非政府组织类型的划分,对非政府组织参与其关注领域的争议案件起到通知、提请注意等促进作用。此外,对于已经参与案件程序的非政府组织,争端解决各阶段的实质性会议应当向其开放。当然,我们必须同时注意,透明度不是无止境的,涉及商业秘密或国家安全和机密的材料和会议议程不应当公开。

3. 参与申请

如前所述,非政府组织的参与不应当导致程序不适当的延误和造成发展中成员实质性的额外负担。因此,有必要设计一套程序来确定有资格参与的非政府组织。在“石棉案”中,上诉机构便设计了一套附加程序,该程序规定了七项要求:注册许可申请应采书面形式,写明日期、申请人的签名、地址和详细联系方式等,不应超过三页打印纸,应具体说明申请人对上诉案件的利益兴趣的性质,应指出专家组报告中的具体法律问题和法律解释问题,应阐明为什么其提供的意见是可欲的(desirable)从而有助于争端的满意解决以及其将以何种方式做出贡献,应陈述申请人与任何当事方或第三方之间是否有直接或见解的关系,或者是否受到或将接受其任何资金或其他资助。

参与争端解决程序的申请审定工作,可以由 WTO 与非政府组织关系专门委员会承担。专门委员会可以考虑参照上诉机构的附加程序,制定统一的登记表格。意图参与争端解决程序的非政府组织填写该登记表,并递交书面申请登记注册材料,并在材料中要对其与争端事项相关的工作范围进行详细说明,由专门委员会审定后向其发放登记表,登记后即可派代表参加 WTO 争端解决程序。当然,若经专门委员会审查,递交申请的非政府组织的工作范围与所要解决的争端涉及的事实问题和法律问题并无必然联系,该组织就没有资格向专家组和上诉机构递交"法庭之友"意见书。

这一程序将便利争端解决机构与非政府组织之间的日常联系,同时也有助于维持专家组和上诉机构审议工作的稳定性,从而将非政府组织的参与逐步规范化。

4. 参与时间

首先,在专家小组程序中,非政府组织要参与到争端解决中,应尽早提交意见书使当事方和争端解决机构能够有时间考虑和决定如何处理。当然,这需要前面提到的专门委员会的日常联系工作以及申请审批工作的配合,但非政府组织提交意见书的时限性应当成为非政府组织承担的一项义务。在现行的争端解决机制中,为了使非政府组织的参与不至于不适当地拖延审理程序,专家小组对非政府组织意见书的采纳情况与意见书的提交时间是密切相关的:专家小组一般认为,非政府组织在专家组组成之后的合理时间内,在当事方第一次会晤之后提交意见书是及时的,并不会影响争端解决程序的进程。因为在这一时期,非政府组织对争端内容已有所了解,当事方也有足够的时间考虑。而在"美国对虾和虾产品的进口限制案"中,专家小组表达了意见书提交稍显迟延的态度。对于"法庭之友"在当事方第一次会晤和第二次会晤之间提交的意见书,专家组给予了当事方两周考虑时间。而在第二次会晤之后提交的"法庭之友"意见书则一般会被专家小组拒绝。

其次,在上诉机构程序中,非政府组织意见书的提交应当被拒绝。虽然在 DSB 的实践中存在接受"法庭之友"意见书的做法,[①]但是这一做法并未形成惯例,迄今仍存在广泛的争议。本书认为在上诉程序中不应该接受非政府组织意见书的理由有二:第一,《谅解》第 17 条第 9 款规定,上诉机构审查的范围仅限于专家组报告中的法律问题和法律解释。根据该款规定,上诉机构不应当审查非政府组织提交的以事实主张为内容的法律意见。第二,《谅解》第 17 条第 4 款规定,没有参与专家组程序的第三方是不能参与到上诉程序之中的。如果允许非政府组织在上诉程序中提交"法庭之友"意见书,就会使非政府组织处于比 WTO 成员方更为优越的地位。这对成员方同样是不公平的。

① 参见 1993 年英国钢铁公司案件。

结论与启示

随着现代社会的发展,非政府组织的影响力日益强大,政府间国际组织与非政府组织协调合作是一种发展趋势。非政府组织与 WTO 多边贸易体制之间建立相应的协调机制的构想,正是在这样的历史背景下产生的。我们看到,WTO 对非政府组织采取了越来越宽容的态度,并加强了与非政府组织的沟通和联系。而非政府组织的参与也有利于提高 WTO 决策能力,有利于提高 WTO 的民主性和透明度,最终能够提升 WTO 的国际形象。非政府组织在 WTO 运作中发挥更强影响力乃是历史的潮流。

非政府组织对 WTO 的影响正在扩大,但同时也要看到,非政府组织在发达国家与发展中国家之间的发展显著不平衡。发达国家的非政府组织在财政和人员等方面具有更大的优势,这从参与活动的非政府组织中发达国家的数量和次数就可以看出。这种趋势有可能增加发达国家的话语权,而出现对发展中国家不利的局面。因此,我国应该正视这一趋势,充分认识非政府组织在 WTO 中的微妙角色和潜在力量,积极建设和发展我国的非政府组织,更好地维护我国国家和人民的利益。由于我国加入 WTO 不久,民主法治化的进程还正在进行中,建立和发展各种非政府组织将有利于充分反映我国某些区域或某些行业的利益,为我国政府制定对外贸易政策和参与 WTO 多边谈判提供信息和资料,从而为政府确立在 WTO 中的立场和决策提供战略依据,奠定相关政策的民意基础,以减少全球化给我国带来的负面影响。在涉及我国的 WTO 贸易争端,当面对争端案件时,非政府组织还可以向我国政府提供有关证明资料和相关依据,以辅助我国政府及时起诉应诉和正确应对,或者以提交“法庭之友”意见书等形式维护国家利益。另一方面,我国应该鼓励行业协会等非政府组织在国际层面自主活动领域的拓宽和开展民间交往的加深,进一步推动其发展和能力建设。我国的非政府组织可以通过积极参加部长会议的前期会议,与 WTO 秘书处交流,参加研讨会等方式,在增进与其他非政府组织的联系的同时,逐渐加强在 WTO 中的参与度和影响力。在参与 WTO 会议方面,已经得到中国非政府组织的重视,香港会议是中国的非政府组织参与最多的一次,中国非政府组织在部长级会议中崭露头角。此外,发达国家的非政府组织已形成遍布世界各地的庞大网络体系,我国作为发展中国家,国内非政府组织应争取同发达国家的非政府组织网络体系建立经常性的联络机制,在可能的情况下还应积极争取加入这一网络。

总之,我们一方面要正视非政府组织对 WTO 影响力日益巨大的发展趋势,深入进行两者协作关系的理论研究;另一方面,为了更好地在 WTO 中维护我国的国家利益,应积极开展我国的非政府组织建设。在此,谨以本书作引玉之砖。

参考文献

一、中文著作

[1] 王铁崖:《国际法》,法律出版社,1995 年版。
[2] 饶戈平:《国际组织法》,北京大学出版社,1996 年版。
[3] 王杰、张海滨、张志洲:《全球治理中的国际非政府组织》,北京大学出版社,2006 年版。
[4] [美]彼得·萨瑟兰等:《WTO 的未来——阐释新千年的体制性挑战》,刘敬东译,对外贸易出版社,2004 年版。
[5] 李先波等:《主权、人权、国际组织》,法律出版社,2005 年版。
[6] 王秀梅:《全球治理:非政府间国际组织与国际法》,人民法院出版社,2005 年版。
[7] 刘超等:《国际法专论》,知识产权出版社,2004 年版。
[8] 韩立余:《WTO 案例及评析》,中国人民大学出版社,2001 年版。
[9] 戴维·赫尔德、安东尼·麦克鲁格:《致力全球化:权力、权威与全球治理》,社会科学文献出版社,2004 年版.
[10] 徐盛华、章征文:《新编国际贸易学》,清华大学出版社,2007 年版。
[11] Bryan A. Garner:《牛津现代法律用语辞典》,法律出版社,2005 年版。
[12] 肖元恺:《全球新坐标:国际载体与权利转移》,香港国际文化出版公司,2003 年版。
[13] 王建芹:《非政府组织的理论阐释——兼论我国现代非政府组织法律的冲突与选择》,中国方正出版社,2005 年版。
[14] 翁国民:《"法庭之友"制度与司法改革》,法律出版社,2006 年版。

[15] 卓泽渊:《法理学(第四版)》,法律出版社,2004 年版。

[16] 左海聪:《国际经济法的理论与实践》,武汉大学出版社,2003 年版。

[17] [美]约翰 · H · 杰克逊:《GATT/WTO 法理与实践》,张玉卿等译,新华出版社,2002 年版。

[18] [美]莱斯特 · 萨拉蒙等:《全球公民社会——非营利部门视界》,社会科学文献出版社,2002 年版。

[19] 魏定仁:《中国非营利性法律模式论文集》,中国方正出版社,2006 年版。

[20] 戈登 · 怀特:《公民社会、民主化和发展:廓清分析的范围》,社会科学文献出版社,2000 年版。

[21] 陈安:《国际经济法论丛(第 7 卷)》,法律出版社,2003 年版。

[22] 余劲松、吴志攀:《国际经济法》,北京大学出版社,2000 年版。

[23] 刘超等:《国际法专论》,知识产权出版社,2004 年版。

[24] 梁西:《国际组织法》,武汉大学出版社 2001 年版。

[25] 盛红生、贺兵:《当代国际关系中的"第三者"——非政府组织问题研究》,时事出版社,2004 年版。

[26] 吴东民、董西明:《非营利组织管理》,中国人民大学出版社,2003 年版。

[27] 王绍光:《多元与统一——第三部门国际比较研究》,浙江人民出版社,1999 年版。

[28] 马长山:《国家、市民社会与法治》,商务印书馆,2005 年版。

[29] 朱榄叶:《世界贸易组织国际贸易纠纷案例评析 1995—2000 年》,法律出版社,2002 年版。

[30] 刘大群、凌岩:《国际刑事法院罗马规约评释》(上册),北京大学出版社,2006 年版。

[31] 高燕平:《国际刑事法院》,世界知识出版社,1999 年版。

[32] 饶戈平:《全球化进程中的国际组织》,北京大学出版社,2005 年版。

[33] 杨国华、李泳笼:《WTO 争端解决程序详解》,中国方正出版社,2004 年版。

[34] 李居迁:《WTO 争端解决机制》,中国财政经济出版社,2001 年版。

[35] 余敏友、左海聪、黄志雄:《WTO 争端解决机制概论》,上海人民出版社,2001 年版.

二、中文文章

[1] 黄志雄:“非政府组织:国际法律秩序中的第三种力量”,《法学研究》,2004 年第 4 期。

[2] 王彦志:“非政府组织的兴起与国际经济法的合法性危机”,《法制与社会发展》,2002 年第 2 期。

[3] 李晓风:“非政府组织的发展现状初探”,《求实》,2006 年第 1 期。

[4] 刘超:“非政府组织的勃兴与国际法律秩序的变塑”,《现代法学》,2004 年第 4 期。

[5] 何燕华:“论非政府组织对 WTO 的影响”,《行政与法》,2004 年第 4 期。

[6] 王文:“论非政府组织在联合国体系中的地位和作用”,《国际论坛》,1999 年第 6 期。

[7] 孙海燕:“从国际法视角看联合国与非政府组织的制度化联系”,北京大学学报(哲学社会学版),2007 年第四期。

[8] 饶戈平:“论全球化进程中的国际组织”,《中国法学》,2001 年第 6 期。

[9] 王杏芳、孙伯辉、赵军宝:“非政府组织在联合国的影响力及其制约因素”,《中共福建省委党校学报》,2002 年第 3 期。

[10] 胡范铸:“基于‘言语行为分析’的法律语言研究”,《华东师范大学学报:哲学社会科学版》,2005 年第 1 期。

[11] 刘清才、张农寿:“非政府组织在全球治理中的角色分析”,《国际政治专论》,2006 年第 1 期。

[12] 李艳:“全球治理对非政府组织需求动因的分析”,《临沂师范学院学报》,2004 年第 4 期。

[13] 俞毅、范悦诚:“论 NGO 对国际贸易的作用及相关对策”,《经济纵横》,2004 年第 12 期。

[14] 曾令良:“多哈发展议程的困境与出路”,《理论月刊》,2004 年第 7 期。

[15] 徐崇利:“经济全球化与国际法中的‘社会立法’的勃兴”,《中国法学》,2004 年第 1 期。

[16] 郑亦雷:“NGOs 以法庭之友身份参与 WTO 争端解决机制问题初探”,《经济师》,2006 年第 10 期。

[17] 曾炜:“论‘法庭之友’在 WTO 争端解决中的发展”,《华南农业大学学报》,2006 第 3 期。

[18] 王秀梅:“国际非政府组织与国际法之‘跨国立法’”,《河南省政法管理干部学院学报》,2006 年第 4 期。

[19] 苗艳丽:“非政府组织与联合国咨商关系的演变”,《株洲师范高等专科学校学报》,2006 第 2 期。

[20] 游志斌、张蕾:“试析非政府组织与联合国伙伴关系的发展趋向”,《国际关系学院学报》,2005 年第 4 期。

[21] 曹俊汉、范丽珠:“全球治理下非政府组织跨国效应的研究”,《云南大学学报(社会科学版)》,2007 年第 5 期。

[22] 刘志云:“论全球化进程中‘民主赤字’的消除”,《社会科学》,2006 第 1 期。

[23] 郑亦雷:“NGOs 以法庭之友身份参与 WTO 争端解决机制问题初探”,《经济师》,2006 年第 10 期。

[24] 刘鹰:“WTO 总干事和秘书处的角色”,《WTO 经济导刊》,2005 年第 12 期。

[25] 曹俊汉、范丽珠:“全球治理下非政府组织跨国效应的研究”,《云南大学学报(社会科学版)》,2007 年第 5 期。

[26] 刘志云:“论全球化进程中‘民主赤字’的消除”,《社会科学》,2006 第 1 期。

[27] 武兰芳:“非政府间国际组织的国际法律人格限制性评析”,《华北电力大学学报(社会科学版)》,2007 年第 2 期。

[28] 王彦志:“非政府组织与国际经济法论纲”,载陈安主编:《国际经济法论丛(第 7 卷)》,北京:法律出版社,2003 年版。

[29] 李振纲:“WTO 与非政府组织关系初探”,《法学评论》,2000 年第 3 期。

[30] 俞可平:“全球治理引论”,《马克思主义与现实》,2002 年第 1 期。

[31] 刘银喜:“非政府组织:资源配置领域的制度创新——析非政府组织对市场缺陷和非市场缺陷的补充”,《内蒙古社会科学》,2002 年 23 卷 3 期。

[32] 马进:“当前非政府组织活动的特点”,《当代世界》,2003 年第 11 期。

[33] 郭振林:“利用外资与非政府组织”,《国际金融探索》,1992 年第 6 期。

[34] 严蓉:“非政府组织与 WTO 有效磋商之探讨”,《贵州警官职业学院学报》,2005 年第 3 期。

[35] 赵维田:“论 GATT/WTO 争端解决机制”,《法学研究》,1997 年第 3 期。

[36] 王燕:“WTO 框架下非贸易价值理念研究”,《国际经贸探索》,2007 年第 7 期。

[37] 王彩霞:“非政府组织参与 WTO 争端解决机制的价值研究”,《商业时代》,2008 年第 9 期。

[38] 赵海峰、高立忠:“论国际司法程序中的法庭之友制度”,《比较法研究》,2007 年第 3 期。

[39] 沈根荣、张维,“国际劳工标准问题及其最新发展”,《国际商务研究》,2004 年第 3 期。

[40] 金晓晨:“WTO 争端解决机制下私人诉权的探讨”,《法学杂志》,2003 年第 2 期。

[41] 芦艳:“非政府组织对 WTO 争端解决机制的介入”,《华东政法学院学报》,2005 年第 2 期。

[42] 甘锋、叶江,“NGO‘进’联合国:一个不容忽视的问题”,《世界知识》,2007 年第 17 期。

[43] 赵海峰、宋建强:“国际刑事法院——国际司法体制的重大进展”,《人民司法》,2005 年第 1 期。

[44] 赵黎青:“非政府组织同世界银行的协作机制”,《世界经济研究》,1999 年第 5 期。

[45] [美]彼得·萨瑟兰著,蒋苏晋译:“WTO 的未来(四)——应对新千年的体制性挑战”,《WTO 经济导刊》,2005 年第 9 期。

[46] 王彦志、郝秀辉:“非政府组织与世界贸易组织争端解决机制”,《法制与社会发展》,2003 年第 6 期。

[47] 张晖:“非政府组织兴起的背景和理论依据”,《陕西行政学院学报》,2008 年第 1 期。

[48] 萧怡钦:“重视非政府组织对当代国际贸易的影响”,《广东外语外贸大学学报》,2003年第2期。

[49] 姚莉:“非政府组织与国际贸易”,《西北师大学报(社会科学版)》,2007年第1期。

[50] 冯志勤:“维护发展中国家的利益”,《世界贸易组织动态与研究》,1996年第1期。

[51] 杨虹:“坎昆之前谈程序——部分非政府组织对WTO程序透明度及参与性等问题的意见”,《WTO经济导刊》,2003年第8期。

三、外文著作

[1] Keith Dowding. Rational Choice Approaches to Analyzing Power[C]//in Kate Nash and Alan Scott (Eds), The Blackwell Companion to Political Sociology. Oxford: Blackwell Publishers Ltd, 2001.

[2] Charles W. Kegley Jr. and Eugene R. Wittkopf, World Politics. New York: St. Martin's Press, 1997.

[3] M. Bedjaoui (ed.), International Law: Achievements and Prospects, Martinus Nijhoff Publishers, 1991.

[4] G. Teubner (ed.), Global Law without a State, Dartmouth Publishing Company Limited, 1996.

[5] Koren A. Mingst, Margaret P. Karns, The United Nations in the Post-Cold War Era (Boulder: Westview Press, 1995).

[6] George J. Demko and William B. Wood, Reordering the World: Geopolitical Perspectives on the Twentyfirst Century (Boulder: Westview Press, 1994.

[7] L. David Brown Sanjeev Khagram Mark H. Moore and Peter Frumkin, Globalization, NGOs, and Mulitsectoral Relations, in Joseph S. Nye and John D. Donahue editors Governance in a Globalizing World. Brokings Institution Press. 2000.

[8] LesterM. Salamon Helmut K. Anheier and Associates, Global Civil Society-Dimensions of the Nonprofit sector, The John Hopkins Center for Civil Society Studies, Baltimore, MD, 1999.

[9] HelmutAnheier MarliesGlasius andMaryKaldor Editors,Global Civil Society Yearbook 2001,Oxford University Press,2001.

[10] Margaret E Keck and Kathrvn Sikkink ,Activists beyond Borders :Advocacy Networks in International Politics,Chapter 1 and 3,Ithaca: Comell University Press,1998.

[11] Salamon,Lester . Partner in Public Service: The Scope and Theory of Government-Nonprofit Relations. The Nonprofit Sector: A Research Handbook. Yale University Press,1987..

[12] William Diebold Jr. ed. "The End of the ITO,in Essays in International Finance" International Finance Section of the Department of Economics and Social Institutions in Princeton University,vol. 16. Oct. 1952.

[13] John H. Jackson. World Trade and the Law of GATT. Bobbs-Merrill Company,1969.

[14] Andrew T. Guzman,"Global Governance and the WTO",Harvard International Law Journal,Vol. 45,2004. P303—323. David W. Lee b r on,"The Boundaries of WTO: Linkages",Am J Intl L R., Vol. 96, 2002.

[15] Frieder Roessler, "Domestic Policy Objectives and the Multilateral Trade Order;Lessons from the Past",in Anne O. Krueger ed.,the WTO as an International Institution,University of Chicago Press,1998.

[16] John S. Odell,"The Seattle Impasse and Its Implications for the World Trade Organization" in Daniel L. M. Kennedy and James D (Eds),the Political Economy of International Trade Law, Cambridge University Press,2002.

[17] Sylvia Ostry. "External Transparency: The Policy Process at the National Level of the Two-level Game" in Mike Moor (ed.),Doha and Beyond: The Future of the Multilateral Trading System,Cambridge University Press,2004.

[18] M. Wight,Power Politics,Leicester: Leicester University Press,1978.

[19] Dinah Shelton. The Participation of Nongovernmental Organization in International Judicial Proceedings,American Journal of International Law, October 1994(88).

[20] Raymond Ranjeva. Les Organisations Non Gouvernementales ET la Mise en Oeuvre Dy Droit International. Recueil de Hague, vol. 270. Hague: Martinus Nijhoff Publishers, 1999.

[21] Tullio Treves, Civil Society, International Courts and Compliance Bodies, T. M. C. Asser press, 2005.

四、外文文章

[1] Maura Blue Jeffords, "Turning the Protester into a Partner for Development: the Need for Effective Consultation between the WTO &NGOs", Brooklyn Journal of International Law, vol. 28 (2003).

[2] Anne Marie Boutin, "Transparency of NGOs", Transnational Associations, vol. 1(2000).

[3] Jeffrey L. Dunoff, "The WTO's Legitimacy Crisis: Reflections on the Law and Politics of WTO Dispute Resolution", The American Review of International Arbitration, vol. 13(2002).

[4] Maki Tanaka, "Bridging the Gap between Northern NGOs and Southern Sovereigns in the Trade-Environment Debate", Ecology Law Quarterly, vol. 30 (2003).

[5] Claude E. Barfield, "Free Trade, Sovereignty, Democracy: The Future of the World Trade Organization", Chi . J. Int1 L. Vol. 2, 2001.

[6] Robert F. Housman, "Democratizing International Trade Decision-making", Cornell International Law.

[7] Journal, Vol. 27, 1994 Charmovitz . S and Wickham J. Non-government Organization and the Original International Trade Regime, Journal of World Trade, Vol129N 5. Oct 1995.

[8] Kyle Bagwell& Robert W. Staiger, the WTO as a Mechanism for Securing Market Access Property Rights: Implications for Global Labor and Environmental Issues, J. Econ. Perspectives, Vol. 15 (3), 2001.

[9] Homas A. Wathen, a Guide to Trade and the Environment. New York: Environmental Grantmakers Association, 1992.

[10] Bryana. Garner (Editor in Chief: Black's Law Dictionary, Eighth Edi-

tion, Thomson West, 2004.

[11] Panel Repot on the United States-Imprt Prohibitation of Certain Shrimp Product, WT/DS58/R(15 May ,1998); Appellate Body Report on United State-Import Prohibitation of Certain shrimp and Shrimp Products, WT/DS58/AB/R(12 October, 1998).

[12] Panel Report on United States-Imposition of Countervailing Duties on Certain Hot-Rolled Lead and Bismuth Carbon Steel Products Originating in the United Kingdom, WT/DS138/R(23 December, 1999); Appellate Body Report on United State-Imposition of Countervailing Duties on Certain Hot-Rolled Lead and Bismuth Carbon Steel Products Originating in the United Kingdom, WT/DS138/AB/R(10 May, 2000).

[13] Panel Report on United States——Section110 (5) of US Copyright Act, WT / DS1b0/R (15 June, 2000).

[14] Panel Report on European Communities-Measures Affecting Asbestos and Asbestos-Containing Products, WT /DS135 /18 September, 2000); Appellate Body Report on European Communities-Measures Affecting Asbestos and Asbestos-Containing Products, WT/ DS135 /AB/R (12 March, 2001).

[15] I. M. Destler&Peter J. B, the New Politics of American Trade: Trade, Labor, and the Environment, Washington: Institute for International Economics, 1999.

[16] Pawleyn, "The Sutherland Report: A Missed Opportunity for Genuine Debate on Trade, Globalization and Reforming the WTO". Journal of International Economic Law, Vol. 8 (2), 2005.

[17] Jeffery Atik, "Democratizing the WTO", George Washington International Law Review, Vol. 33. 2001.

[18] Sylvia Ostry, "Doha and after". Speech in From Doha to Kananskis Conference. March, 2002.

[19] Frieder Roessler, "The Institutional Balance between the Judicial and Political Organs of the WTO", Presentation to the John F. Kennedy School of Government, Harvard University, June 2000.

[20] Steve Charnovitz, "Opening The WTO to Nongovernmental Interests",

Fordham International Law Journal, Vol. 24.

[21] Jeffrey L. Dunoff, "Global Trade Issues In The New Millennium: The WTO In Transition: Of Constituents, Competence And Coherence", Geo. Wash. Int1 L. Rev. Vol. 33, 2001.

[22] Sylvia Ostry, "Doha and After". Speech in From Doha to Kananskis Conference. March, 2002.

[23] Laurence R. Helfer, "Human Rights and Intellectual Property: Conflicts or Coexistence?" Minn. Intell. Prop. Rev. Vol. 47 (5), 2003.

[24] Claire R. Kelly, "Power, Linkage and Accommodation: The WTO as an International Actor and Its Influence on Other Actors and Regimes", Berkeley J. Int1 L. Vol. 24, 2006.

[25] United States-Import Prohibition of Certain Shrimp and Shrimp Products, WT/DS58/AB/R, (98—000) P 129, 168 (Oct. 12, 1998).

[26] Joyeeta Gupta, "Non-State Actors in International Governance and Law: A Challenge or A Blessing", Journal of International & Comparative Law, Vol. 11. 2005.

[27] Nikolaos Lavranos: Some Proposals for a Fundamental DSU Reform, Legal Issues of Economic Integration29 (1), 2002.

[28] August Reinisch and Christina Irgel, The participation of NGOs in the WTO dispute system, Nonstate Actors and International Law 1, Netherlands: Kluwer Law International, 2001.

[29] Jona Razzaque, Changing role of friends of the court in the International Courts and Tribunals, Non-State Actors and International Law 1, 2002.

[30] Stephen P. Croley and Hackson H. John, WTO Disputes Procedures, Standard of Review and Deference to National Governments, 90 American Journal of International Law, 193, 212 (1996).

[31] Kerstin Martins, "Mission Impossible? Defining NGOs", International Journal of Voluntary and Non-profit Organizations, Vol. 13, No. 3, 2000.

[32] Andrea E. K. Thomas, Non-governmental organizations and the international criminal court implications of Hobbes' theories of human nature and the development of institutions for their evolving relationship. 20

Emory Int' 1L, Rev.

[33] Jeffrey L. Dunoff, "The WTO's Legitimacy Crisis: Reflections on the Law and Politics of WTO Dispute Resolution", The American Review of International Arbitration, vol. 13 (2002).

[34] Maura Blue Jeffords, Turning the Protester into a Partner for Development: the Need for Effective Consultation between the WTO&NGOs, Brooklyn Journal of International Law, 2002, vol28.